Maria Brandenstein

Hochbegabt?

Besondere Begabungen erkennen und gezielt fördern

Cornelsen
SCRIPTOR

Die in diesem Werk angegebenen Internetadressen haben wir überprüft (Redaktionsschluss 31. 5. 2003). Dennoch können wir nicht ausschließen, dass unter einer solchen Adresse inzwischen ein ganz anderer Inhalt angeboten wird.

S. 42: mit der freundlichen Genehmigung des Arbeitskreises Grundschule e.V., 2003

Cornelsen online www.cornelsen.de

Gedruckt auf chlorfrei gebleichtem Papier
ohne Dioxinbelastung der Gewässer.

Bibliografische Information
Die Deutsche Bibliothek verzeichnet diese Publikation in der Deutschen Nationalbibliografie; detaillierte bibliografische Daten sind im Internet über www.dnb.ddb.de abrufbar.

5.	4.	3.	2.	1.	Die letzten Ziffern bezeichnen
07	06	05	04	03	Zahl und Jahr der Auflage.

Konzeption und Redaktion: lüra – Klemt & Mues GbR, Wuppertal
Typografisches Konzept: Magdalene Krumbeck, Wuppertal
Fotos: Dirk Krüll, Panama / laif, Düsseldorf
Umschlaggestaltung: Magdalene Krumbeck, Wuppertal
Satz: stallmeister publishing, Wuppertal
Druck und Bindearbeiten: Clausen & Bosse, Leck
Printed in Germany
ISBN 3-589-21663-8
Bestellnummer 216638

Inhalt

Vorwort

„Hochbegabte sind ein Geschenk der Natur an die Menschheit", formulierte einst Karl Marx. Doch erleben Hochbegabte sich auch als Geschenk? Eltern sind stolz, wenn ihre Kinder aufgeweckt sind. Was aber, wenn sie auffallend klüger sind als andere? Was heißt das für die Erziehung? Wie findet man heraus, wo besondere Begabungen eines Kindes liegen? Wie kann man diese angemessen fördern? Was, wenn ein Kind hinter seinen Möglichkeiten zurükkbleibt?

Manchmal sind es auch Auffälligkeiten im Verhalten oder besondere Schwierigkeiten in der Schule, die den Verdacht nahe legen, dass ein Kind nicht etwa über-, sondern im Gegenteil unterfordert ist. Was dann? Wo findet man Rat, wie ist eine Hochbegabung zu diagnostizieren? Was sagt eine solche Diagnose aus? Lassen Sie sich ermutigen, Hochbegabung als Bereicherung zu erleben.

Richtig gefördert, kann eine Hochbegabung zu Höchstleistungen führen!

Wie in alle Bücher der Cornelsen Ratgeberreihe „Eltern-Sprechstunde" ist auch in diesen Band der reiche Erfahrungsschatz von betroffenen Kindern, Eltern und Lehrern eingeflossen. Sie erfahren, welche Probleme im schulischen und im familiären Alltag auftreten können und welche Lösungen sich bewährt haben. Viele Beispiele und Tipps ermöglichen Ihnen einen konkreten Einstieg und eine gute Übersicht über das Thema und helfen Ihnen, sich dem Thema Hochbegabung mit Gelassenheit und Zuversicht zu nähern.

Hochbegabung – Vielfalt und Herausforderung

Hätte mich vor Jahren jemand gefragt, ob ich Hochbegabte kenne, hätte ich vermutlich ohne zu zögern geantwortet: „Nein, nicht persönlich, die meisten sind ja ohnehin schon tot: Einstein, Bach, Sokrates, oder auch Marie Curie ...". Doch ich musste erkennen – nicht zuletzt durch persönliche Erfahrungen –, dass Hochbegabte mitten unter uns leben. Ich war jedoch mit einer klischeehaften Vorstellung von Hochbegabung aufgewachsen, die den Status „hochbegabt" nur sehr wenigen, in höchstem Maße außergewöhnlichen Menschen zusprach – Genies eher–, dabei aber die große Zahl der unauffälligen Hochbegabten übersah.

Hochbegabte Kinder sind nur in Ausnahmefällen gleich nobelpreisverdächtig.

Das Thema beschäftigte mich zunehmend. Durch mein Engagement in der Deutschen Gesellschaft für das hochbegabte Kind e.V. (DGhK), das auch Eltern- und Lehrerberatung einschließt, lernte ich mit der Zeit viele hochbegabte Kinder und natürlich auch deren Eltern kennen. Sie lehrten mich, dass Hochbegabung keineswegs mit Perfektion gleichzusetzen ist, dass Hoch-„Begabung" noch nicht Hoch-„Leistung" bedeutet und vor allem, dass sie nicht automatisch Erfolg und Anerkennung mit sich bringt.

Kaum jemand vermutet hinter mittelmäßigen Schülerinnen und Schülern oder gar Sitzenbleibern, Stotterern und Chaoten Hochbegabte. Doch die zunehmende Erfahrung führte dazu, auch bei Vorliegen von Verhaltensauffälligkeiten aufmerksam zu werden. Denn oft zeigten solche Kinder auf den zweiten Blick Merkmale,

die sie mit Einstein, Bach, Sokrates und Curie teilten: Freude am Denken und Entdecken, ein kreatives oder auch verbissenes Streben nach Lösungen von Problemen, Wachheit und Verständnis für Sprache, Kunst oder Musik und vieles mehr.
Früher hätte ich die besonderen Eigenheiten dieser Kinder einfach als pfiffig, gewitzt oder vielleicht auch als altklug angesehen, heute weiß ich, dass sie auf eine Hochbegabung hinweisen.
Durch die Beratung von Eltern und Lehrern und durch einen intensiven Austausch mit Psychologen und Psychologinnen sowie letztendlich auch durch meine wissenschaftliche Arbeit an diesem Thema wurde mir immer deutlicher, mit welchen Schwierigkeiten Hochbegabte manchmal zu kämpfen haben und wie wichtig eine angemessene Förderung ist. Aber wie kann man sie unter den bestehenden Rahmenbedingungen am besten fördern und fordern? Auf diese Frage gibt es leider keine einfache Antwort, es existieren keine schlichten Rezepte. Das hat viele Gründe. Es fängt mit der Frage an: Was ist Hochbegabung und wer ist hochbegabt? Bedenken Sie:

Die Förderung hochbegabter Kinder ist kein unnötiger Luxus!

- Es gibt viele Erscheinungsformen von Hochbegabung.
- Es gibt zahllose Definitionen, die nur bestimmte Aspekte von Begabung berücksichtigen und nicht auf alle Hochbegabten anwendbar sind.
- Hochbegabung tritt mit unzähligen anderen Eigenarten des Menschen auf und lässt sich nicht isoliert betrachten.
- Hochbegabung lässt sich schwer „messen“. Jedes psychometrische Instrument (also jeder Test) baut auf unvollständigen Annahmen auf und misst nur, was aufgrund dieser Annahmen wichtig erscheint.

Das heißt, eine absolute Gewissheit darüber, ob ein Mensch hochbegabt ist, gibt es nicht. Es gibt aber genügend gute Beispiele, die uns helfen, besonders begabte Kinder zu erkennen und in ihrer Entwicklung zu begleiten und zu unterstützen. Leider ist die Haltung der Gesellschaft den Hochbegabten gegenüber oft problematisch. Aber eine auf Unwissen und Nachlässigkeit beruhende Ignoranz hat oftmals nicht nur verheerende persönliche Folgen für das betroffene Kind, sondern sie kann auch volkswirtschaftliche Aus-

Tipp

Lassen Sie sich nicht täuschen! Hochbegabte Kinder können brilliant sein, aber auch in einem ganz ruhigen, unauffälligen Kind, in einem schlechten Schüler, einer schlechten Schülerin, in einem Klassenkasper oder in einem Kind, das panische Angst vor der Schule hat, kann eine Hochbegabung stecken.

wirkungen haben, wenn Begabungen zum Beispiel ungenutzt bleiben oder sogar schwer wiegende Folgen von Missachtung therapeutisch behandelt werden müssen.

Hochbegabung hat viele Gesichter

Veronika, deren Eltern sich an mich wandten, entspricht voll dem Bild, das ich früher von Hochbegabten hatte: Sie kann alles und das auch noch fast (!) ohne Anleitung. Die Einsen auf dem Zeugnis geben kaum wieder, was dieses Kind zu leisten vermag. Als ob die Schule sie noch nicht genug fordern würde, pflegt sie zusätzlich ausgefallene und aufwändige Hobbys. Die alten Klischeevorstellungen hätten durch sie bestätigt werden können, aber Veronika ist kein Maßstab für Hochbegabung. Es gibt auch solche Hochbegabte, die nicht diese beneidenswerte Leichtigkeit und Perfektion zeigen. So zum Beispiel Jan. Jan beschäftigt sich gerne mit schwierigen mathematischen Rätseln, ist aber dennoch vom Sitzenbleiben bedroht. Kritisches Fach: Mathematik! Dieses Kind ist nachweislich insbesondere im mathematischen Bereich außerordentlich begabt, zeigt aber gerade hier keine gute Leistung in der Schule.

Hochbegabung tritt in einer Vielfältigkeit auf, die den Begriff kaum fassbar macht.

Oder Anna: Anna hatte schon vor der Einschulung kleine Geschichten geschrieben und ganze Bücher gelesen, aber nach einem Jahr Schule stotterte sie beim Lesen und ihre schriftlichen Arbeiten waren kaum von denen zu unterscheiden, die Kinder mit sehr großen Schwierigkeiten im Schriftspracherwerb vorlegten. Auch dieses Kind war hochbegabt – ganz besonders sprachlich. Mir begegnete Phillip, der keine Gelegenheit ausließ, um mit Erwachsenen über den Sinn des Lebens zu diskutieren, aber große Probleme hatte, seinen Schreibtisch und die Hausaufgaben zu organisieren und in Ordnung zu halten. Schon im Kindergarten hieß es, er sei altklug und mit den anderen „könne er nicht". Phillip war hochbegabt.

Sofie kenne ich nur vom Erzählen. Ihre Eltern stellten mir eigentlich ihren Bruder Anton als hochbegabt vor. Sofie war ein, wie die Eltern es damals sahen, „normales“ Kind, vielleicht nicht ganz so strahlend wie ihr Bruder, nicht ganz so fröhlich wie früher. Ein Test nach unserem Gespräch deckte auf, dass auch Sofie hochbegabt war. Die Eltern berichteten einige Zeit darauf, dass Ihre Tochter wieder selbstbewusster und fröhlicher geworden war.

Hochbegabung – was steckt dahinter?

Weder „hoch“ noch „begabt“ sind ausgefallene oder ungewöhnliche Begriffe, auch in der Zusammensetzung zu „hochbegabt“ oder „hoch-begabt“ lassen sie uns nicht zum Lexikon greifen. Irgendwie erschließt sich aus dem Wort selbst eine Vorstellung, vielleicht folgt sie aus der richtigen Einschätzung des eigenen Kindes. Vielleicht bringt diese Feststellung auch gleich eine Idee mit sich, wie man sich dem Kind gegenüber verhalten sollte.

Prüfen Sie Ihre eigenen Vorstellungen von Hochbegabung

In vielen Fällen spielt das Wissen um das Phänomen „Hochbegabung“ gar keine Rolle. Die Beziehung zum Kind ist so stimmig, dass es im alltäglichen Miteinander seinen Platz findet und sich bestmöglich entwickelt. Diese natürliche Beziehung kann aber aus dem Gleichgewicht geraten. Die Struktur des Schulsystems, ja schon des Kindergartens oder einfach die Gesellschaft mit ihren Gesetzmäßigkeiten, Reglementierungen und Vorurteilen können Eltern nachhaltig verunsichern.

„Weil die Entwicklung der Naturanlagen bei den Menschen nicht von selbst geschieht, so ist alle Erziehung eine Kunst.“
Immanuel Kant

Ergänzen Sie Ihre eigenen Fragen und halten Sie Ihre Antworten darauf schriftlich fest.

Lassen Sie sich von den folgenden Fragen leiten und schreiben Sie Ihre Assoziationen auf:

- Was macht Hochbegabung aus? ______________________
- Welchen Kriterien muss jemand entsprechen, damit Sie ihn als hochbegabt ansehen würden? ____________
- Woher kommt die Hochbegabung eines Menschen, wozu ist sie gut? ______________________
- Welchen Einfluss haben wir auf ihre Entwicklung? ______________________

Das Alltagsverständnis

In der Regel führt die vorangestellte Übung nach einer ersten Phase der Ratlosigkeit zu einer Auflistung von Synonymen und Metaphern oder zu banalen Erklärungen ähnlich der aus dem großen Brockhaus: „hochbegabt: (Adjektiv; höherbegabt, höchstbegabt) sehr, über das durchschnittliche Maß, über die durchschnittliche Erwartung begabt: ein junger Musiker". Nicht selten kommt von Eltern auch nur die hilflose Feststellung: „Mein Kind ist einfach anders!" Das Bemühen, brauchbarere Merkmale zu finden, legt die Schwierigkeiten offen, Begabung vom „Normalen" abzugrenzen. Was ist eigentlich „das durchschnittliche Maß", was ist „normal", was überhaupt ist „Begabung"? Sich der eigenen Vorstellung von diesen Begriffen klar zu werden, ist der erste Schritt beim Lösen von Problemen. Die Auswahl der synonym, also bedeutungsgleich, verwendeten Wörter kann zusätzlich aufschlussreich sein. Ich schlage Ihnen folgende Übung vor:

Den eigenen Standpunkt zu klären, schafft Sicherheit.

Hier einige Interpretationsideen: Wählt man den Begriff „Wunderkind", so deutet das darauf hin, dass Hochbegabung als etwas Übermenschliches interpretiert wird. Ähnliches gilt für die Bezeichnung „Genie". Kant beschreibt das Genie als „musterhafte Originalität eines Talents". Diese Definition lässt keine Steigerung mehr zu und birgt daher eine

Welchen Begriff würden Sie mit Hochbegabung in Verbindung bringen?

	ja	nein
besondere Begabung	☐	☐
Spitzenbegabung	☐	☐
Überbegabung	☐	☐
allgemeine intellektuelle Begabung	☐	☐
(hohe) Intelligenz	☐	☐
kognitive Grundfähigkeiten	☐	☐
kognitive Leistungsfähigkeit	☐	☐
Talent	☐	☐
besondere Befähigung	☐	☐
Klugheit	☐	☐
Schlauheit	☐	☐
Gabe	☐	☐
Überflieger	☐	☐
in der Entwicklung voraus	☐	☐
Sonntagskinder	☐	☐
Genie	☐	☐
Elite	☐	☐
Bildungselite	☐	☐
Verantwortungselite	☐	☐
Glückspilz	☐	☐
Wunderkind	☐	☐
Intelligenzbestie	☐	☐
besondere Fähigkeiten	☐	☐
ausgeprägte Fähigkeiten	☐	☐
herausragende Fähigkeiten	☐	☐
Kompetenzen	☐	☐

Tipp

Achten Sie bei sich selbst und bei anderen darauf, welche Bezeichnungen für Hochbegabte verwendet werden. Die Wortwahl spiegelt immer auch die persönliche Einstellung wider!

große Gefahr, denn die Gleichsetzung von Hochbegabung und vollkommenem Genie versperrt den Blick für das Vorhandene. In dem Wort „Gabe" klingt Dankbarkeit an, während sich in Bezeichnungen wie „Glückspilz" oder „Sonntagskind" wohlwollender Neid bemerkbar zu machen scheint. Als „schlau" wird jemand bezeichnet, der eine Lösung oder einen Ausweg aus einer Problemsituation finden kann. Mit Ausdrücken wie „Spitzenbegabung", „Talent", „Überflieger", „Verantwortungselite" und „Kompetenz" drücken wir unsere Vorstellung von sichtbarer Leistung in Bezug auf Hochbegabte aus (im Gegensatz zu „Potenzial"). Mit der Charakterisierung „kompetent" oder auch „besonders begabt" oder „talentiert" können wir unseren Respekt bekunden, während das Wort „Intelligenzbestie" eine gewisse Furcht und Ablehnung gegenüber den Hochbegabten andeutet. Jeder dieser sinnverwandten Ausdrücke verleiht dem Begriff „Hochbegabung" einen anderen Schwerpunkt.

In die Nutzung ungewöhnlicher Talente muss man in der Regel genauso gründlich eingeführt werden wie in die Handhabung kostbarer Werkzeuge.

Es macht einen Unterschied, ob Sie „Wunderkind" oder „Intelligenzbestie" sagen! Alle diese Begriffe lösen darüber hinaus Bilder in uns aus, die deutlich machen, was wir mit Hochbegabung verbinden. Diese Bilder oder Metaphern sind wichtig für unsere Sichtweise. Es gibt natürlich immer einen Punkt, an dem Metaphern versagen, da sie keine exakten Beschreibungen sind, aber oft treffen sie den Punkt genauer und schneller als jede Definition. Mit Metaphern lassen sich bestimmte Aspekte hervorheben oder verständlich machen. Oft helfen sie auch, neue Gesichtspunkte zu finden. Sie sind also eine Anregung für die forschende Fantasie. Welches Bild haben Sie? Ich vergleiche Hochbegabung manchmal mit einer „Schatzkammer für besondere Werkzeuge". In dieser Kammer gibt es einen Prototyp für jedes besonders leistungsfähige, besonders schnelle, besonders präzise, besonders leichte, besonders kuriose Werkzeug. Jeder Hochbegabte verfügt über ein oder mehrere solcher besonderen Werkzeuge und ist dadurch imstande, herausragende Werke entstehen zu lassen. Die Sinfonie eines begnadeten Komponisten, das Tageswerk eines listigen Ganoven, der Gedichtband einer brillanten Schriftstellerin, ein Hoffnung bringendes Projekt eines ideenreichen Entwicklungshelfers, das bedeutende Bild einer großen Malerin, die glänzende Strategie eines umsichtigen Bankiers. Jedes außergewöhnliche Werk erfordert auch außergewöhnliche Fähigkeiten; ein besonderes Werkzeug, das nur wenige bedienen können.

Hochbegabung – eine Gabe

Im Herkunftswörterbuch erfahren wir, dass der Begriff „begabt" (abgeleitet von „Gabe") ursprünglich konkret gemeint war und so viel wie „ausstatten, beschenken" (etwa: durch eine Mitgift zur Hochzeit ausstatten) bedeutete. Die Gabe ist das, was man „mitbekommen" hat. Versuchen wir einmal, diesem Bild nachzuspüren: Was bekommt ein Menschenkind an „Ausstattung" schon vor der Geburt für sein Leben mit? Was zieht eine besondere „Ausstattung" nach sich? Was braucht ein Kind noch? Darf der oder die Beschenkte noch zusätzlich etwas erwarten oder gar für sich fordern? Heute wissen wir, dass die genetischen Merkmale eines Kindes, die es von seinen Eltern erbt, einer der wichtigsten Ausgangspunkte für seine Persönlichkeit sind. Die Entfaltung seiner Anlagen ist aber nur möglich, wenn seine Umwelt diese Entwicklung unterstützt und anregt. Gerade das Verhalten der Eltern spielt also eine wichtige Rolle, wenn das Kind seine „Ausstattung" zu nutzen beginnt.

Ohne Förderung kann auch das begabteste Kind nur zufällig sein volles Potenzial ausschöpfen.

„Begabung ist die Fähigkeit zu wertvollen Leistungen. Diese darf man aber nicht allein auf intellektuellem Gebiet suchen."
William Stern 1919

Sprachbeherrschung etwa entwickelt sich erst durch Kommunikation, und auch alle anderen Anlagen wollen unterstützt sein: die allgemeine Lernfähigkeit, die Fähigkeit, Kontakt aufzunehmen und zu denken, ein naturwissenschaftliches Verständnis, die Fähigkeit zur Selbsterkenntnis, Fantasie, Geschicklichkeit, Kreativität, der Sinn für Musik und Kunst, das ästhetische Empfinden, Mitleid, Vertrauen, Liebe, Egoismus, Aggression, Misstrauen. Dies und vieles, vieles mehr tritt in Wechselwirkung zueinander und zur Umwelt auf – alles zusammen bildet die Grundstruktur der Persönlichkeit eines Kindes.
Bis heute streitet sich die Fachwissenschaft über die Frage, zu welchen Anteilen die Begabung eines Menschen genetisch festgelegt, dem Kind also „in die Wiege gelegt" ist, oder durch spätere Erfahrungen erworben wird. Die Entwicklungsmöglichkeiten eines Menschen hängen ab von

- seinem genetischen Code,
- dem bisher erreichten Entwicklungsstand,
- der Beziehung zu seinerUmwelt.

Zuwendung und Liebe, aus denen das Urvertrauen wächst, aber auch ideelle Werte wie Bildung, Moral, sozialer Status, Freude, Spaß und Motivation nehmen wichtigen Einfluss auf die Persönlichkeit. Eltern können sehr viel dazu beitragen, dass die ererbte Gabe wirklich zum Geschenk wird und nicht zu einem Ballast, unter dem letztlich alle zu leiden haben. Das klingt plausibel, ist aber dennoch nicht so einfach!
Familie und Freunde sind für hochbegabte Kinder ebenso wichtig wie eine spezielle Lernförderung!

Die Hirnforschung zeigt, dass Streicheln und äußere Anregung einen enormen Einfluss auf die Entwicklung des kindlichen Gehirns haben.

Wann ist ein Kind „hoch"-begabt?

Auch wenn die Entwicklung eines jeden Kindes zu jedem Zeitpunkt und in jeder Phase bemerkenswert ist und wie ein Wunder erscheint, so ist eine Unterscheidung zwischen Begabungen, die viele besitzen, und solchen, die außergewöhnlich sind, sehr wichtig.

> ## Tipp
>
> Immer wieder erlauben wir uns Urteile wie: „Anna ist genauso klug wie Benjamin", „Yannick ist genauso geschickt wie ...", „Magdalena hat zwei linke Hände", „Niklas hat was auf dem Kasten", „Der hat wohl die Weisheit mit Löffeln gefressen", „Die ist dumm wie Bohnenstroh" usw. Aber nur wenige schaffen es, unbeschwert zu sagen: „Mein Kind ist hochbegabt", warum?

Ist aber jede Art einer außergewöhnlich hohen Begabung auch gleich eine Hochbegabung? Kann man einen Spitzensportler als hochbegabt bezeichnen? Was genau ist „hoch"? Viele würden den Begriff „hochbegabt" gern allein für intellektuelle Fähigkeiten reserviert wissen. Aber erst wenn man alle Gaben eines Menschen zusammenfasst und das Zusammenspiel aller Fähigkeiten erkennt, würdigt man die Persönlichkeit eines Menschen. Wenn man die Leistungen der Menschen in verschiedenen Kulturen, in verschiedenen Berufen und Funktionen durchforstet, bleibt kein Zweifel: Hochbegabung ist mehr als mathematisch-logisches Denken, mehr als großes Sprachverständnis, mehr als das, *was* wir als Intelligenz bezeichnen. Betrachtet man aber diesen speziellen Bereich intellektueller Begabung oder auch Intelligenz, die in unserem Kulturkreis so wichtig ist, so stellt man fest, dass die Unterscheidung zwischen „hoch" oder „nicht hoch" besonders heikel ist.

> **Nach wissenschaftlichen Studien können 2 bis 3 Prozent der Intelligentesten eines Jahrgangs als hochbegabt bezeichnet werden.**

Bevor man jemanden als hochbegabt anerkennt, sucht man nach einer Sicherheit wie sie etwa für die Leistungsfähigkeit einer Spitzensportlerin gegeben ist, die im Weitsprung eine bestimmte Marke erreicht und erst dann offiziell als „Spitze" bezeichnet wird. Bei kognitiven Fähigkeiten suchen wir nach einem ebensolchen absoluten, objektiven Maßstab. Diesen gibt es jedoch nicht. Mithilfe eines Intelligenztests werden mehrere Fähigkeiten und Fertigkeiten gemessen und das Gesamtbild erlaubt Rückschlüsse auf zu erwartende Leistungen.

Heute wird der IQ nicht mehr als Quotient von verschiedenen Altersstufen eines Kindes errechnet, sondern als Abweichung von der

Altersnorm. Messungen in der Natur legen den Verdacht nahe, dass alle biologischen Größen in ihrer Häufigkeit einer Normalverteilung (Gaußverteilung) unterliegen. Diese Verteilung wird auch für die Intelligenz angenommen. Was das bedeutet, lässt sich an der dazugehörigen Gaußschen Glocke veranschaulichen.

Stellen Sie sich 100 Menschen auf der Fläche der Glocke gleichmäßig verteilt vor. Unter der Glocke sehen Sie, wie die IQ-Werte zugeordnet sind. Man legt als mittleres Maß den Wert 100 fest. Je eine Standardabweichung (ein festgelegter Abstand auf der Achse) davon entfernt finden Sie die Werte 85 und 115, eine weitere Standardabweichung entfernt sind die Werte 77 und 130 zu finden. Das bedeutet, dass etwa 86 von 100 Menschen einen IQ zwischen 85 bis 115 haben. Den Erfahrungswerten aus der Natur entsprechend geht man hier vom „Normal"-Bereich aus. Rechts von dem Wert 130 finden Sie die Häufigkeiten 2,1 Prozent und 0,1 Prozent. Das bedeutet, dass von 100 Menschen etwa zwei bis drei einen IQ von über 130 Punkten erreichen. Diese Menschen zeigen deutlich andere Merkmale als der Durchschnitt, der zahlenmäßig höher ist. Man bezeichnet sie als hochbegabt. Diese Grenzziehung ist also eine Festlegung, die ihre Begründung in der Wahrscheinlichkeitsrechnung und den Erfahrungswerten der Natur findet.

Normalverteilung der Intelligenzquotienten

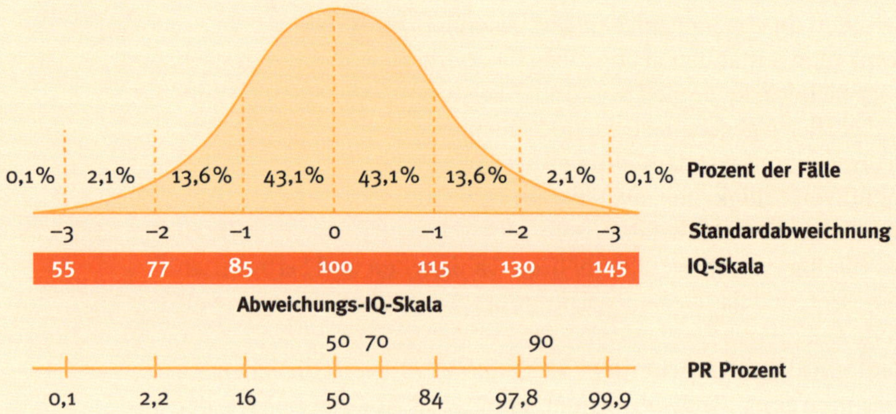

IQ-Werte über 130 werden als hoch bis sehr hoch bezeichnet. Diese Angabe ist jedoch lediglich eine Orientierungshilfe. In einem Gutachten kann sich statt des Gesamt-IQ zusätzlich der Prozentrangplatz finden. Einem IQ von 130 Punkten entspricht der Prozentrang von 97 bis 98 Prozent richtiger Antworten.
Manche Hochbegabtenforscher bemerken an dieser Stelle gern, dass 15 bis 20 Prozent aller Kinder eine anspruchsvollere Förderung brauchen, als sie die Regelschule im Augenblick bietet. Was ist also mit einem Kind, das einen IQ von 120 oder 129 Punkten erreicht? Welche Möglichkeiten zur Förderung bestehen hier?
Der IQ spielt also besonders im statistischen Bereich eine wichtige Rolle. Für Kinder, die hier hohe Werte erreichen, aber vorher nicht als hochbegabt eingestuft wurden, kann der Test sehr hilfreich sein und dem Kind helfen, eine neue, angemessene Beziehung zu sich und zur Umwelt aufzubauen.
Den Gesetzen der Wahrscheinlichkeitsrechnung nach sind zwei bis drei Prozent der Kinder in der Schule Ihres Kindes hochbegabt: Rechnen Sie nach! Wie viele sind dies konkret?

◀ Talent muss erkannt werden, bevor es gefördert wird.

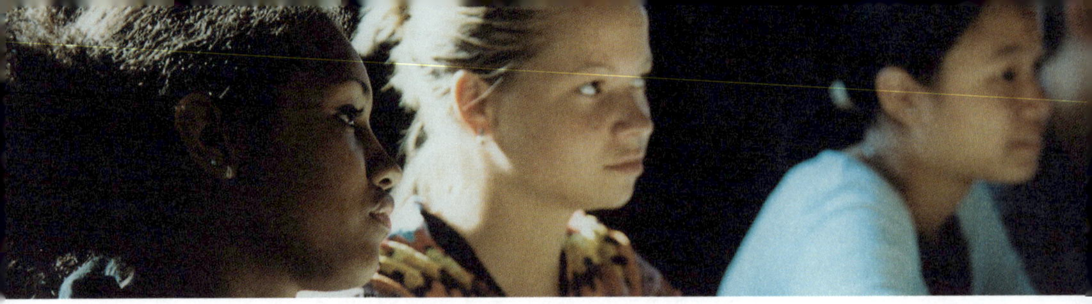

Hochbegabung im Lichte der Psychologie

Genauso wie jede Definition von „Mensch" immer unvollständig bleibt, da immer nur bestimmte Teilaspekte berücksichtigt werden können, so bleibt auch jede Definition einer Eigenart des Menschen unvollständig. In der Biologie wird der Mensch anders beschrieben als in der Philosophie. Beide Beschreibungen decken aber wichtige Punkte ab und ergänzen sich wie ein Puzzle zu einem Bild. In Bezug auf das Phänomen Hochbegabung fehlt heute eine vergleichbar vielschichtige Sichtweise. Hochbegabung wird vor allem in der Psychologie untersucht. Eine Auseinandersetzung in der Pädagogik, Philosophie, Medizin, Soziologie oder der Kulturwissenschaft ist bis auf Ausnahmen kaum gegeben.

Die Wissenschaft ist sich uneinig darüber, wie Hochbegabung eigentlich entsteht.

Die Modelle, die die Psychologie liefert, hängen mit der Entwicklung und der speziellen Fragestellung dieses Faches und der einzelnen Wissenschaftler zusammen. Nur bestimmte Gesichtspunkte werden also berücksichtigt, außerdem gibt es weit reichende Differenzen in grundsätzlichen Aussagen zu Fragen wie:

- *Ist* jemand hochbegabt oder *wird* er das? Welchen Anteil hat gegebenfalls seine Umgebung an der Entfaltung seiner Begabung?
- Hat Hochbegabung etwas mit Lernfähigkeit zu tun oder ist es eine Originalität im Denken oder auch im Handeln?
- Ist jemand *grundsätzlich* hochbegabt oder gibt es *partielle* Hochbegabung?

Die Geschichte der Intelligenz-Forschung

Die Geschichte der Hochbegabtenforschung, die etwa vor einem Jahrhundert begann, ist auch die Geschichte der Intelligenzforschung. Die Antriebsfeder zu einer wissenschaftlichen Beschäftigung mit Intelligenz war auf der einen Seite das schlichte Verlangen nach Erkenntnis und auf der anderen Seite die Notwendigkeit, die sich aus klinisch-psychologischen Fragestellungen und der pädagogischen Praxis ergaben. Mindestens drei bedeutende Männer spielen hier eine entscheidende Rolle:

- Alfred Binet (1857–1911), französischer Jurist und Mediziner, Leiter des psychologischen Instituts an der Sorbonne. Er entwickelte den Binet-Simon-Test.
- William Stern (1871–1938), gebürtiger Berliner, Psychologe und Philosoph, Professor in Breslau und Hamburg. Begründer der angewandten und differentiellen Psychologie. Er führte 1912 auf dem Psychologenkongress in Berlin den heute so viel zitierten IQ ein.
- Lewis Madison Terman (1877–1956), amerikanischer Psychologe, Professor an der Stanford University. Er führte ab 1921 die umfangreichste Längsschnittstudie („Genetische Studien über den Genius") mit Hochbegabten durch.

Alfred Binet erhielt 1904 den Auftrag, ein Ausleseverfahren zu entwickeln, mit dessen Hilfe Kinder, die aufgrund von angeborener oder frühzeitig erworbener Hirnschädigung überfordert waren, Sonderschulen zugeteilt werden konnten. Der von ihm entwickelte Binet-Simon-Test wurde von Stern jedoch als Möglichkeit erkannt, auch besonders begabte Kinder ausfindig zu machen. Jahre später entwickelte Terman diesen Test für die Auswahl Hochbegabter weiter zum Stanford-Binet-Test. Er übernahm 1912 den von Stern eingeführten Intelligenzquotienten samt der Abkürzung IQ. Dieser Test wurde später in einer der bedeutendsten Längsschnittstudien eingesetzt. In dieser Studie, die Terman 1921 begann, und die, weit über Termans Tod hinaus, bis in die jüngste Zeit fortgesetzt wurde, wurde der Werdegang brillanter Kinder verfolgt. Terman ging von der Existenz einer anlagebedingten Intelligenz aus und vertrat die Ansicht, dass eine Spitzenbegabung auch in einer Spitzenleistung mündet. Seine Tests spielten bei der Reform des Schulsystems in Amerika nach dem Zweiten Weltkrieg eine sehr große Rolle. Sie wurden, trotz der Bedenken namhafter Fachwissenschaftler, bis in die sechziger Jahre hinein verwendet, um Kinder verschiedenen Schulformen zuzuteilen. Für getestete Hochbegabte entwickelte man daraufhin bald Sonderförderprogramme.

Nach Auswertung seiner Studie kam Terman jedoch zu dem Ergebnis, dass die Intelligenz allein nicht ausschlaggebend ist, sondern lediglich die Voraussetzung für herausragende Leistungen darstellt. Er kam zu dem Schluss, dass hohe Leistung nur im Zusammenspiel von hoher Intelligenz und Durchsetzungsvermögen, Selbstvertrauen und einer motivierenden sozialen Umgebung zu erreichen ist.

Hohe Intelligenz allein führt nicht automatisch zu hohen Leistungen.

Während Terman in Amerika besondere Begabungen untersuchte, widmete sich Stern in Deutschland der Frage nach einer angemessenen Förderung besonders Begabter, sein Augenmerk galt dem Einfluss des Umfelds. Er forderte die Einrichtung von Hochbegabtenschulen, die auch den sozial schwächeren Schichten zugänglich sein sollten. Für die Auswahl der Kinder plante auch Stern, psychologische Testmethoden einzusetzen. Er kritisierte vereinfachte Testverfahren, bei denen „die bloße Zahl an Stelle jeder eigentlich psychologischen Analyse und Deutung der Ergebnisse tritt", und legte daher größten Wert darauf, dass die Tests nur von Lehrkräften durchgeführt wurden, die eine psychologische Ausbildung besaßen und die Ergebnisse auch unter solchen Gesichtspunkten auswerten konnten. Für Kinder, bei denen sich das Testergebnis vom Lehrerurteil unterschied, gab es Probeklassen, in denen die Passung weiter abgestimmt werden sollte. 1918 begannen mehrere Projekte, die sich mit der weiteren Erforschung von Hochbegabung beschäftigten. Ein sehr umfangreiches Projekt, an dem auch Stern beteiligt war, fand in Hamburg statt. Doch 1933 war William Stern gezwungen, ins Exil zu gehen. Sein Lehrstuhl musste der Forderung nach einer „Arischen Rasse" weichen. Die Selektionen der Nazis führten nach dem Zweiten Welt-

Sterns Überlegungen zur Hochbegabtenförderung sind noch heute bemerkenswert aktuell.

krieg zu einer Tabuisierung des Themas. Sowohl die Forschung als auch die pädagogische Praxis setzten andere Schwerpunkte. Erst ein Zusammenwirken von Eltern, Lehrkräften, Medien und einigen wenigen Wissenschaftlern in jüngster Zeit haben wieder eine Diskussion in Gang gesetzt und das Thema „Hochbegabung" erneut ins Zentrum des Interesses gerückt.

Aktuelle Positionen

Es existieren viele Vorstellungen und Theorien über Hochbegabung. Obwohl die diskutierten Theorien untereinander oft unvereinbar zu sein scheinen, so macht doch jede einzelne den Eindruck, in sich schlüssig zu sein.

Hochbegabung ist noch keine Garantie für besondere Leistungen, aber eine gute Voraussetzung!

In der Wissenschaft besteht, im Gegensatz zur Alltagsauffassung, weitgehend Einigkeit darin, Hochbegabung und erbrachte Leistung zu unterschieden. Hochbegabung ist also nicht gleich Wissen oder Handlung. Hochbegabung wird als ein Potenzial, also eine grundsätzlich gegebene Leistungsfähigkeit gesehen. Sie führt jedoch nicht automatisch zu außergewöhnlichen Leistungen.

Man unterscheidet heute viele sehr unterschiedliche Theorien über Hochbegabung. Jede einzelne macht den Eindruck, in sich schlüssig zu sein, aber untereinander sind sie oft unvereinbar. Terman prägte die Vorstellung, dass es eine allgemeine Intelligenz gibt, die allen Fähigkeiten übergeordnet ist. Diese wird kurz mit „g" bezeichnet. In Deutschland steht der Marburger Psychologieprofessor Detlef H. Rost mit seiner Forschung in dieser Tradition. Er definiert Hochbegabung als „eine hohe, einzigartige Ausprägung der allgemeinen Intelligenz im Sinne des Generalfaktors ‚g'". Rost belegt durch Untersuchungen einen statistisch relevanten Zusammenhang zwischen ermittelten IQ-Werten und Erfolg in der Schule, Universität, Beruf, Ein-

Tipp

Unterschätzen Sie nicht den Einfluss des sozialen Umfelds auf Ihr Kind. Ein Umzug, eine neue Freundschaft oder ein Streit mit dem Bruder oder der Schwester kann das Lernverhalten stark beeinflussen!

kommen und sozial bedeutsamen schöpferischen Leistungen. Seiner Meinung nach sind Tests statistisch gesehen ein gutes Vorhersageinstrument für Leistungen und damit für Erfolg. Die von ihm geleitete und oft zitierte Marburger Studie besagt, dass die meisten mit seiner Methode identifizierten hochbegabten Kinder in der Schule sehr gut zurechtkommen. Nur ein geringer Prozentsatz, nämlich zirka 15 Prozent der Hochbegabten, hat Schwierigkeiten. Diese sind dann aber meist sehr dramatisch.

Gardner vertritt die Ansicht, dass die verschiedenen Begabungen eines Menschen nicht isoliert betrachtet werden dürfen.

In dem 1985 erschienenen Buch „Abschied vom IQ" versucht der Autor, Howard Gardner, Professor an der Harvard University, in eindrucksvoller Weise, das Konzept der Intelligenzmessung ins Wanken zu bringen. Gardner geht davon aus, dass jede Fähigkeit durch das Zusammenspiel der grundlegenden, aber voneinander unabhängigen Intelligenzen bestimmt wird. Das heißt, dass eine besondere Leistung im Bereich der Mathematik durch alle anderen Intelligenzen mit beeinflusst wird, dass gleichzeitig aber die Begabung einer Person auf mathematischem Gebiet keine Rückschlüsse auf ihre musikalischen, sprachlichen oder interpersonalen Fähigkeiten zulässt. Gardner fordert Tests, mit deren Hilfe das Profil eines Menschen, also seine Neigungen, identifiziert werden können, um für sie eine angepasste Förderung bereitstellen zu können.

Die Idee der unabhängigen Bereiche gab es schon länger, die bisherigen Theorien bezogen sich aber immer allein auf intellektuelle Begabungen.

Gardner revolutionierte die Forschung mit seiner Theorie der vielfältigen Formen von Intelligenz.

Der Streit der Gelehrten ist nicht nur ein Denksport. Die vorherrschenden Theorien bilden die Grundlage für verschiedene Testverfahren und entscheiden über Zugangsmöglichkeiten zu Förderangeboten und über deren Beschaffenheit. Sie haben also Einfluss auf die Gestaltung des Bildungssystems und nicht zuletzt auf die Möglichkeiten Ihres Kindes.

Es lohnt sich, sich ein wenig mit den Forschungsergebnissen zu befassen. Es wird Ihnen leichter fallen zu beurteilen, wie und mit welchem Ergebnis Ihr kind gegebenfalls getestet wird.

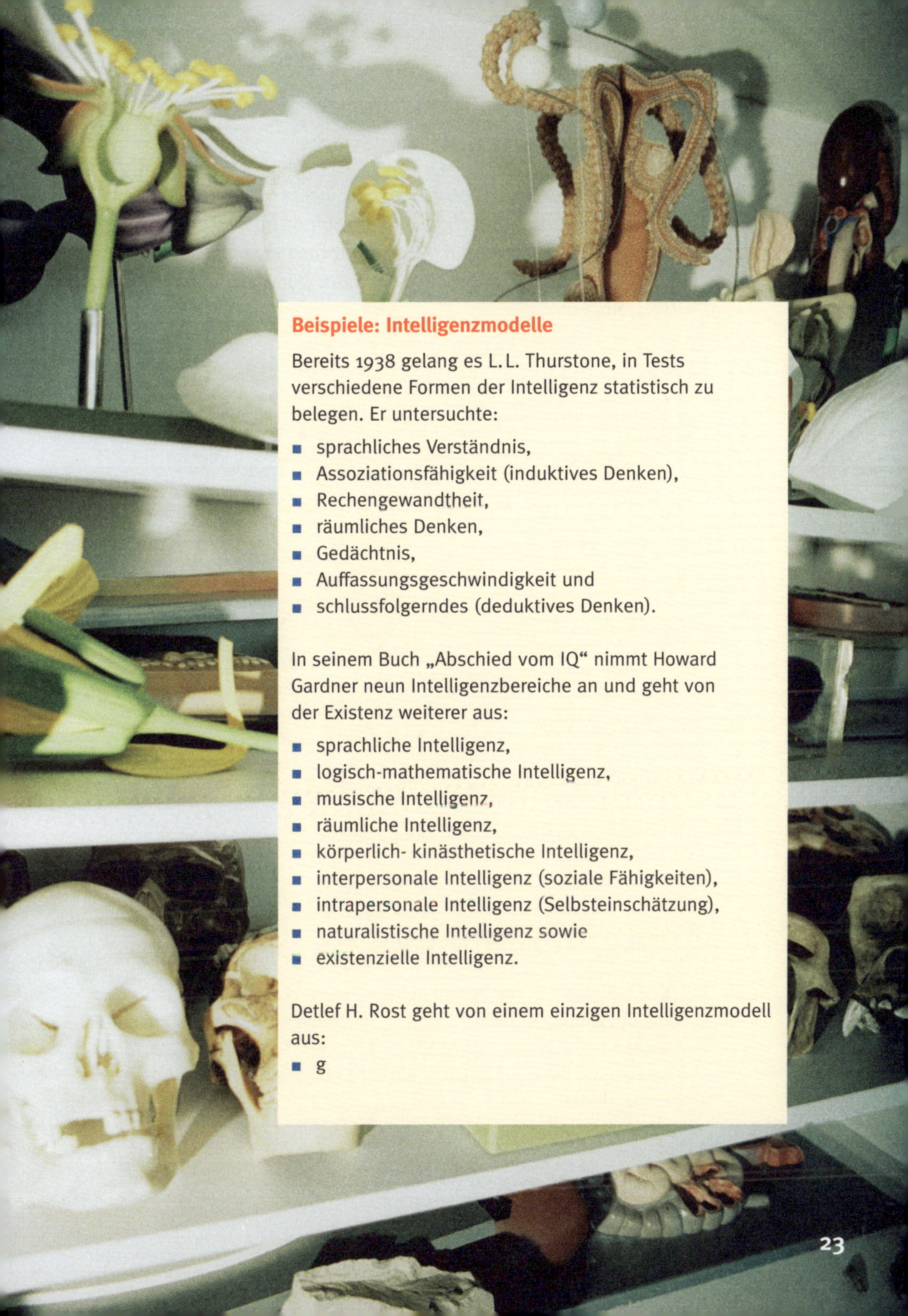

Beispiele: Intelligenzmodelle

Bereits 1938 gelang es L. L. Thurstone, in Tests verschiedene Formen der Intelligenz statistisch zu belegen. Er untersuchte:

- sprachliches Verständnis,
- Assoziationsfähigkeit (induktives Denken),
- Rechengewandtheit,
- räumliches Denken,
- Gedächtnis,
- Auffassungsgeschwindigkeit und
- schlussfolgerndes (deduktives Denken).

In seinem Buch „Abschied vom IQ“ nimmt Howard Gardner neun Intelligenzbereiche an und geht von der Existenz weiterer aus:

- sprachliche Intelligenz,
- logisch-mathematische Intelligenz,
- musische Intelligenz,
- räumliche Intelligenz,
- körperlich- kinästhetische Intelligenz,
- interpersonale Intelligenz (soziale Fähigkeiten),
- intrapersonale Intelligenz (Selbsteinschätzung),
- naturalistische Intelligenz sowie
- existenzielle Intelligenz.

Detlef H. Rost geht von einem einzigen Intelligenzmodell aus:

- g

Hochbegabung = Hochleistung?

Der niederländische Entwicklungspsychologe Franz J. Mönks hat ein Modell der Hochbegabung oder besser gesagt der Hochleistungsfähigkeit entwickelt, das die Verbindung zwischen anlagebedingten Merkmalen und Umwelteinflüssen berücksichtigt: das Mehr-Faktoren-Modell. Es fußt auf der Forschungsarbeit anderer Psychologen.

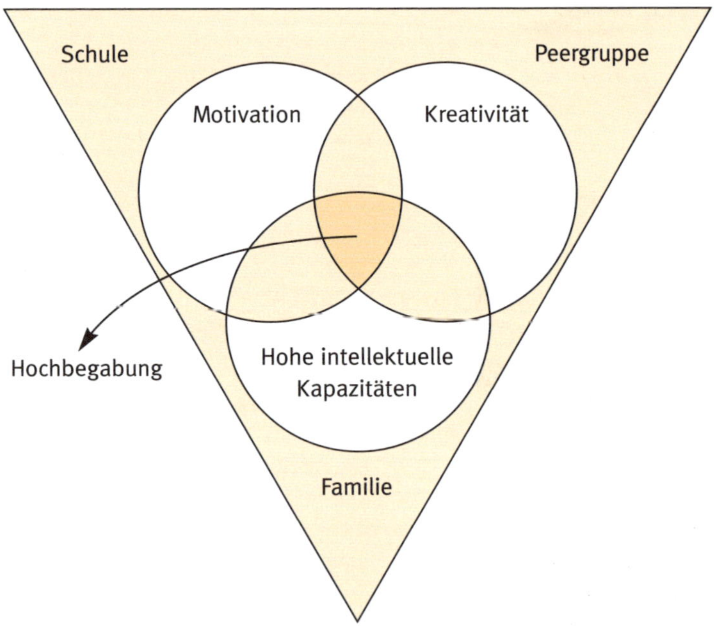

Erst bei einem guten Zusammenspiel der sechs Faktoren kann sich Hochbegabung entwickeln und in besonderen Leistungen oder auffallenden Handlungen zum Ausdruck kommen. Eine wesentliche Voraussetzung ist die Fähigkeit zum sozialen Umgang.
Franz Mönks

Der amerikanische Psychologe J.S. Renzulli etwa fand heraus, dass ein Mensch außergewöhnliche Leistungen zeigt, wenn überdurchschnittliche Intelligenz, Kreativität und Engagement zusammenwirken. Mönks ergänzt diese inneren Faktoren durch drei äußere: Schule, Familie und die Gruppe der Entwicklungsgleichen (Freunde/Cliquen).

Dieses Modell berücksichtigt alle Aspekte des kindlichen Alltags. Das soziale Klima, in dem es aufwächst, sowie Bestätigung, Ableh-

Das Münchner Hochbegabungsmodell als Beispiel für mehrdimensionale Begabungskonzepte ▼

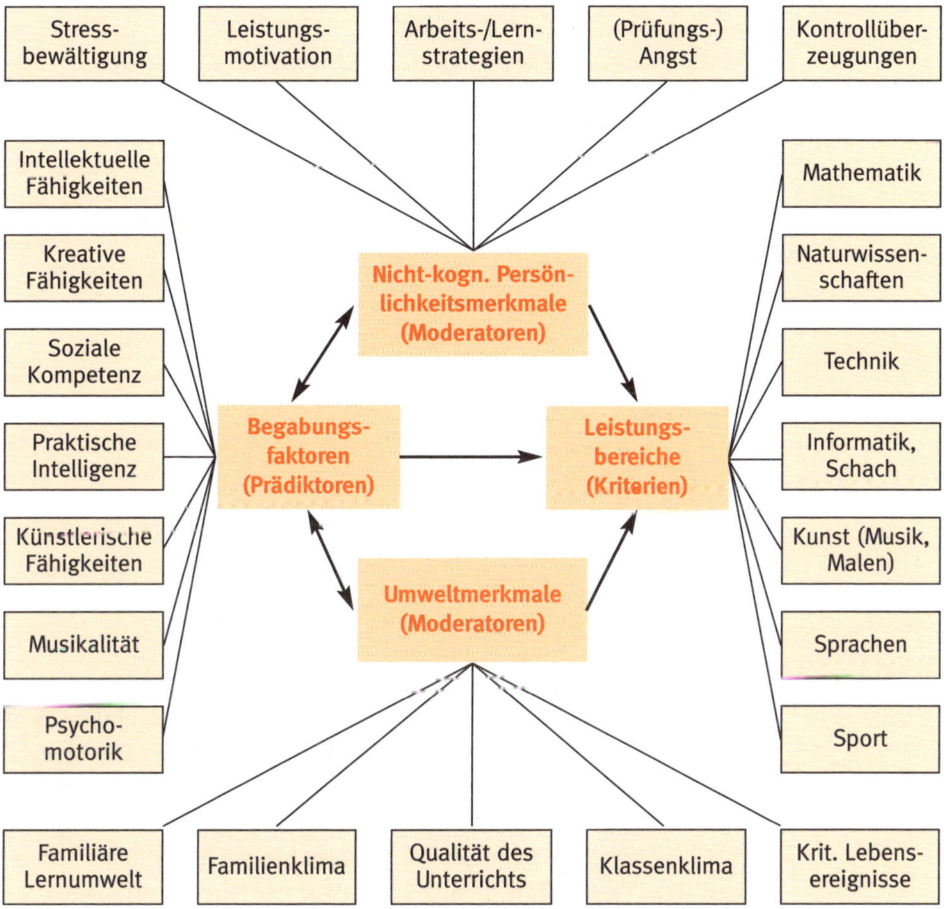

nung, Annahme, Ermutigung und Enttäuschung prägen Fähigkeiten und Fertigkeiten, die ein Kind entwickelt.

Um Abweichungen zu begegnen, sollten zwei Tests angewendet werden.

Ein weiteres Modell, das Hinweise auf das Zustandekommen von Leistung liefert, ist das Münchner Begabungsmodell. Es entstammt und wurde weiterentwickelt von der Münchner Forschergruppe um K. A. Heller (auch E. A. Hany und Chr. Perleth). Hier wird das Zusammenwirken zwischen den relativ unabhängigen Begabungsfaktoren und den Leistungsbereichen unter dem Einfluss von Umweltfaktoren und nicht-kognitiven Persönlichkeitsmerkmalen detailliert dargestellt.

Einen großen Einfluss auf die Umsetzung von Fähigkeiten in Leistung haben demnach schulische Bedingungen wie Schul- und Klassenklima sowie Unterrichtsqualität oder Lerndifferenzierung. Daraus ergeben sich wichtige Kriterien für die Entscheidung, ein Kind eine Klasse überspringen zu lassen, oder bei der Überlegung, ein Kind umzuschulen. Einfluss haben auch die Lerneinstellung des Kindes, die Lernbedingungen in der Familie, das Familienklima an sich und die Geschwister. Die Grafik auf Seite 25 zeigt die Verquickungen, denen alle Faktoren unterliegen.

Besonders hinweisen möchte ich auf die Beeinflussung der Leistungsfähigkeit durch kritische Lebensereignisse (bedeutende Ereignisse im Leben eines Menschen, sowohl positiv als auch negativ). Krisen, Umbruchsituationen oder auch Freudenereignisse werden oft als Lern- und Entwicklungseinflüsse übersehen.

Psychometrie – die Messlatte für den Geist?

Es kann sein, dass man ein hochbegabtes Kind nur zufällig als solches erkennt. Die gezielte Feststellung seiner Hochbegabung kann mithilfe eines oder mehrerer unterschiedlich genauer Instrumente/Tests erfolgen. In der Psychologie versucht man, durch Experimente oder Tests statistisch relevante Aussagen zu Konstrukten wie Intelligenz zu bekommen. Umgekehrt bezeichnete der amerikanische Psychologe Boring schon vor 80 Jahren Intelligenz als das, „was ein Intelligenztest misst". Das, was er durchaus ironisierend, aber auch mit einem Teil pragmatischer Nüchternheit bemerkt, ist, dass jedem Test eine eigene Definition, ein eigenes Verständnis von Intelligenz unterliegt. Aus diesem Grund werden auch die Ergebnisse nur jene Vorstellung von Intelligenz bestätigen oder verneinen, die dem Test zugrunde liegt. Andererseits gibt es kein besseres Messinstrument für Intelligenz.

Was ist ein IQ?

Alfred Binet war einer der Vorreiter in der Testdiagnostik. Die Intelligenz eines Menschen errechnete er aus der Beziehung des Lebensalters (nach dem Geburtsdatum) und dem individuellen Intelligenzalter (das Alter, dem das Kind seinen Fähigkeiten nach entspricht). Stern schlug 1912 auf dem Psychologenkongress in Berlin vor, aus beiden Zahlen einen Quotienten, also Bruch zu bilden – den Intelligenzquotienten:

$$IQ = \frac{\text{Intelligenzalter in Monaten x 100}}{\text{Lebensalter in Monaten}}$$

Angenommen, Ihr Kind ist im Augenblick 6 Jahre alt, es verhält sich seinen geistigen Fähigkeiten nach aber wie ein 8-jähriges Kind, so würde das Kind, laut der oben beschriebenen Formel, einen IQ von 133 haben.

Die Bestimmung der Intelligenz eines Erwachsenen ist nach dieser Formel nicht sehr sinnvoll. Denn sollten Sie etwa 40 Jahre alt sein und auch einen IQ von 130 haben, so müssten Sie so klug sein wie ein 52-Jähriger – was würde das bedeuten?

Bei der Auswahl der Mittel, die Höhe des IQs festzustellen, sollte der Zweck berücksichtigt werden. Möglich ist zum Beispiel auch eine Verhaltensbeobachtung, darüber hinaus können psychodiagnostische Gespräche sehr wertvoll sein. Berücksicht werden sollte zudem sowohl die Einschätzung der Lehrer und Lehrerinnen (die oft nicht völlig neutral ist, aber sehr wertvolle Hinweise geben kann) als auch Ihr eigenes Urteil (Eltern haben nachgewiesenermaßen ein Gespür für die Begabungen ihrer Kinder). Die Befra-

Tipp

Es herrscht vielerorts immer noch die Meinung: „Bei uns gibt es keine Hochbegabten." Vielleicht ist es auch Ihr Empfinden. Diese Sichtweise verhindert die Möglichkeit, Hochbegabte zu entdecken. Bedenken Sie: Wenn laut Wahrscheinlichkeitsrechnung zwei bis drei Prozent der Population eines Jahrgangs als hochbegabt zu bezeichnen sind, dann gibt es nach aller Wahrscheinlichkeit auch etwa so viele Hochbegabte an der Schule ihres Kindes und in Ihrer eigenen Umgebung.

gung der Bezugsgruppe des Kindes (Kindergartengruppe, Klasse, Jugendgruppe) führt zu einer so genannten Peernomination. Ein Instrument, das oft ignoriert wird, ist das der eigenen Einschätzung: Die Kinder haben oft ein ganz gutes Gespür für ihre eigene Leistungsfähigkeit. Zudem geben besondere Aktivitäten, Hobbys oder Ergebnisse aus Wettbewerben besondere ergänzende Hinweise. Anhaltspunkte geben auch Checklisten (Listen mit Merkmalen, die bei hochbegabten Kindern häufig vorkommen, aber insgesamt als sehr subjektiv beschrieben werden müssen), so genannte Screenings (eine Mischung aus Kurztest und Checkliste, geeignet, um sich einen Überblick zu verschaffen) und Lerntests (Überprüfung des Lernfortschritts) sowie Kreativitätstests.

Gängige Tests: Beispiele

Testbezeichnung	Einsatzbereich	Dauer	Das Verfahren
Hamburg-Wechsler-Intelligenztest für Kinder III (HAWIK III)	Kinder und Jugendliche von 6 bis 16 Jahren, nur zur Einzelfalluntersuchung	60 bis 90 Min.	erfasst die praktische, verbale und allgemeine Intelligenz; liefert ein Gesamt-Test-Ergebnis, ermöglicht die Darstellung eines Leistungsprofils
HAWIVA	2,6 bis 7,3 Jahre	ca. 30 bis 45 Min.	
HAWIE-R	16 bis 74 Jahre	60 bis 90 Min.	
Coloured Progressive Matrices (CPM)	Kinder von 3,9 bis 11,8 Jahren	ca. 20 bis 30 Min.	Test zur sprachfreien Erfassung des allgemeinen Intelligenzpotenzials
Standard PM (SPM)	Jugendliche und Erwachsene	45 Min.	wie CPM

Advanced PM (APM)	Jugendliche und Erwachsene	50 Min.	Screening-Verfahren zur sprachfreien Erfassung des Intelligenzpotenzials für Menschen mit überdurchschnittlichen kognitiven Fähigkeiten
Grundintelligenztest Skala 1 (CFT 1)	Kinder von 5,3 bis 9,5 Jahren	ca. 30 Min. bei Einzeltest, 45 bis 60 Min. bei Gruppentest	besteht aus 5 Untertests, z.B. Labyrinthe und Ähnlichkeiten
CFT 20 mit Wortschatztest (WS) und Zahlenfolgetest (ZF)	Kinder ab 8,7 Jahren, Jugendliche und Erwachsene WS und ZF bis 15,6 Jahren	ca. 45 Min. bei Einzeluntersuchungen und 55 Min. bei Gruppenuntersuchungen. Kurzform ca. 35 Min.	sprachfreier Test, erfasst die Grundintelligenz; für Gruppen oder Einzeluntersuchungen
Kramer	3 bis 15 Jahre	60 bis 90 Min.	intellektuelle Leistungsfähigkeit
Kognitiver Fähigkeitstest – Kindergartenform (KFT-K)	5 bis 6-jährige Kinder	keine Zeitbegrenzung, mit Instruktion ca. 85/105 Min.; auf mehrere Tage verteilt	als Einzel- oder Gruppentest; prüft Sprachverständnis, Erkennen von Relationen, schlussfolgerndes sowie rechnerisches Denken
KFT 1. bis 3.	1. bis 3. Klasse	keine Zeitbegrenzung, Bearbeitungsdauer ca. 45 bis 60 Min.	dient zur Erfassung schulisch relevanter Lern- und Leistungsvoraussetzungen
KFT 4. bis 12.	4. bis 12. Stufe	2,5 Stunden	
R. Kaufmann-ABC (K-ABC)	2,6 bis 12,5 Jahre		misst intellektuelle Fähigkeiten und erworbene Fähigkeiten getrennt
Intelligenz-Struktur-Test 2000 R (IST 2000 R)	Jugendliche ab 15 Jahren und Erwachsene	als Gruppen oder Einzeltest; Bearbeitungsdauer je nach verwendeten Modulen zwischen 77 und 130 Min.	erfasst die aus der Intelligenzstrukturmessung bekannten Bereiche sowie auch einen Wissenstest
AID2	6,0 bis 15,11 Jahre und darüber hinaus	30 bis 70 Min. für die elf Untertests, für die Zusatztests weitere 10 bis 16 Min.	zur Erfassung komplexer und basaler Kognitionen bei Kindern und Jugendlichen
Mannheimer Intelligenztest (MIT)	Jugendliche und Erwachsene von 12 bis 45 Jahren	ca. 60 Min. (davon 34 Min. reine Bearbeitungszeit)	besteht aus Untertests zu sprachfreien- und gebundenen Aspekten
(MIT-K-J)	9 bis 15 Jahren	ca. 1 Stunde	für Einzel- und Gruppentestuntersuchungen

Hochbegabte Kinder – wie fallen sie auf?

Am Anfang des Buches habe ich Ihnen bereits einige Kinder vorgestellt. Schon hier wurde deutlich: Die Palette der Begabungen ist sehr groß. Das Gleiche gilt für die damit verbundenen Probleme und Fragen. Sie werden erahnen können, dass es kein Merkmal gibt, das bei allen Kindern auftritt, an dem man also ein hochbegabtes Kind sicher erkennen kann. Es gibt dafür ganze Listen mit charakteristischen Eigenschaften oder Verhaltensweisen, die aber nie alle auf ein einzelnes Kind zutreffen. Bei hochbegabten Kindern können bestimmte Fähigkeiten unerwartet früh auftreten, manchmal sind sie verblüffend intensiv oder auffällig anders als bei Gleichaltrigen. Manchmal ist es aber nicht so einfach, eine Hochbegabung als solche zu erkennen.

In die Beratung kommen oft Eltern, die zunächst einmal nur sagen können: „Mein Kind ist irgendwie anders."

Eltern sind schlicht und einfach an die Eigenarten ihrer Kinder gewöhnt und empfinden sie nicht unweigerlich als auffällig. Eltern sollten ihre Kinder deshalb regelmäßig mit anderen Kindern vergleichen. Unterschiede können Hinweise geben! Was ist nun bei hochbegabten Kindern anders? Manche fallen durch besondere Eigenschaften oder durch ungewöhnliche Interessen auf. Was aber, wenn die Unterschiede zu anderen Kindern nicht so leicht zu interpretieren sind? Lesen Sie, was Eltern hochbegabter Kinder berichten und sammeln Sie die Eigenarten, die auch auf Ihr Kind zutreffen. Kein Merkmal wird Gewissheit bringen, aber jeder einzelne Hinweis ist wie ein Teil eines Puzzles, das mit der Zeit ein Bild ergibt.

Was Eltern berichten

Wenn sich eine Gruppe von Eltern hochbegabter Kinder gegenseitig von ihren Sprösslingen erzählt, hört man immer wieder von irgendeiner Seite die zustimmende Feststellung „Genau so ist mein Kind auch!“, als ob sie sagen wollten „Ja, ich kenne dein Kind ganz genau“. Verschiedene Merkmale können auf eine Hochbegabung hindeuten, die Checkliste auf Seite 32/33 gibt eine Übersicht. Eltern hochbegabter Kinder haben nicht nur Erfreuliches zu berichten. Oft sind es jene Eigenschaften, um die diese Kinder beneidet werden, die sie schließlich auch immer wieder in Schwierigkeiten bringen. Vor allem die nicht genutzte Energie dieser Kinder kann sich einen eher unangenehmen Weg suchen, um zu entweichen. Wenn sie sich nicht nach außen Luft macht, richtet sie sich auch manchmal in zerstörerischer Weise nach innen. Einige Störungen können durchaus mit solch nicht kontrolliert genutzter Energie zusammenhängen.

Ein Kind, das sehr interessiert ist, kann uns ein willkommener Gesprächspartner sein, es kann uns aber auch gewaltig auf die Nerven gehen.

Wenn folgende Symptome über einen längeren Zeitraum und in einer bedenklichen Intensität auftreten, empfiehlt es sich, zu prüfen, ob eine nicht beachtete Hochbegabung dahinter steckt:

- Das Kind ist unausgeglichen.
- Das Kind ist in bestimmten Situationen sehr aggressiv.
- Das Kind hat schlechte Noten, obwohl es gewiss nicht dumm ist.
- Das Kind ist in seiner Klasse / im Kindergarten unglücklich
- Das Kind leidet unter psychosomatischen Beschwerden.
- Das Kind erledigt seine Hausaufgaben unwillig oder schlampig.
- Das Kind meidet die Schule (schwänzt, kommt häufig zu spät, träumt).
- Das Kind hat keine Beziehungen zu anderen.

Tipp

Es ist normal, dass ein hochbegabtes Kind nicht immer alles kann oder weiß – verlangen Sie es also bitte nicht von ihm. Es kann aber auch gute Gründe haben, sein Wissen nicht zu zeigen. Dem sollten Sie nachgehen.

Mögliche Merkmale Hochbegabter

Eltern hochbegabter Kinder berichten ...

- von einem besonders wachen Blick in der Säuglingszeit.
- von einer kaum zu stillenden Lust auf Neues; manche Kinder beobachten sehr präzise, andere fragen unentwegt.
- von einem auffallend guten Gedächtnis.
- von einem erstaunlich großen, früh erworbenen Wissen, oft in einem bestimmten Gebiet sehr detailliert und umfangreich.
- von einem großen Interesse an der Freundschaft mit älteren Kindern oder Erwachsenen.
- von nicht „altersgemäßen“ Gesprächen.
- über einen ungewöhnlich ausgefallenen Wortschatz, eine ausgefeilte Grammatik/Satzstellung und eine ausdrucksvolle Sprache.
- über ausgefallene Hobbys.
- von einem ausgeprägten Sinn für Zusammenhänge, die die Kinder blitzschnell erfassen.
- über die Gabe, sich rasch einen guten Überblick zu verschaffen.
- über ungewöhnlich schnelle, gut durchdachte Schlüsse.

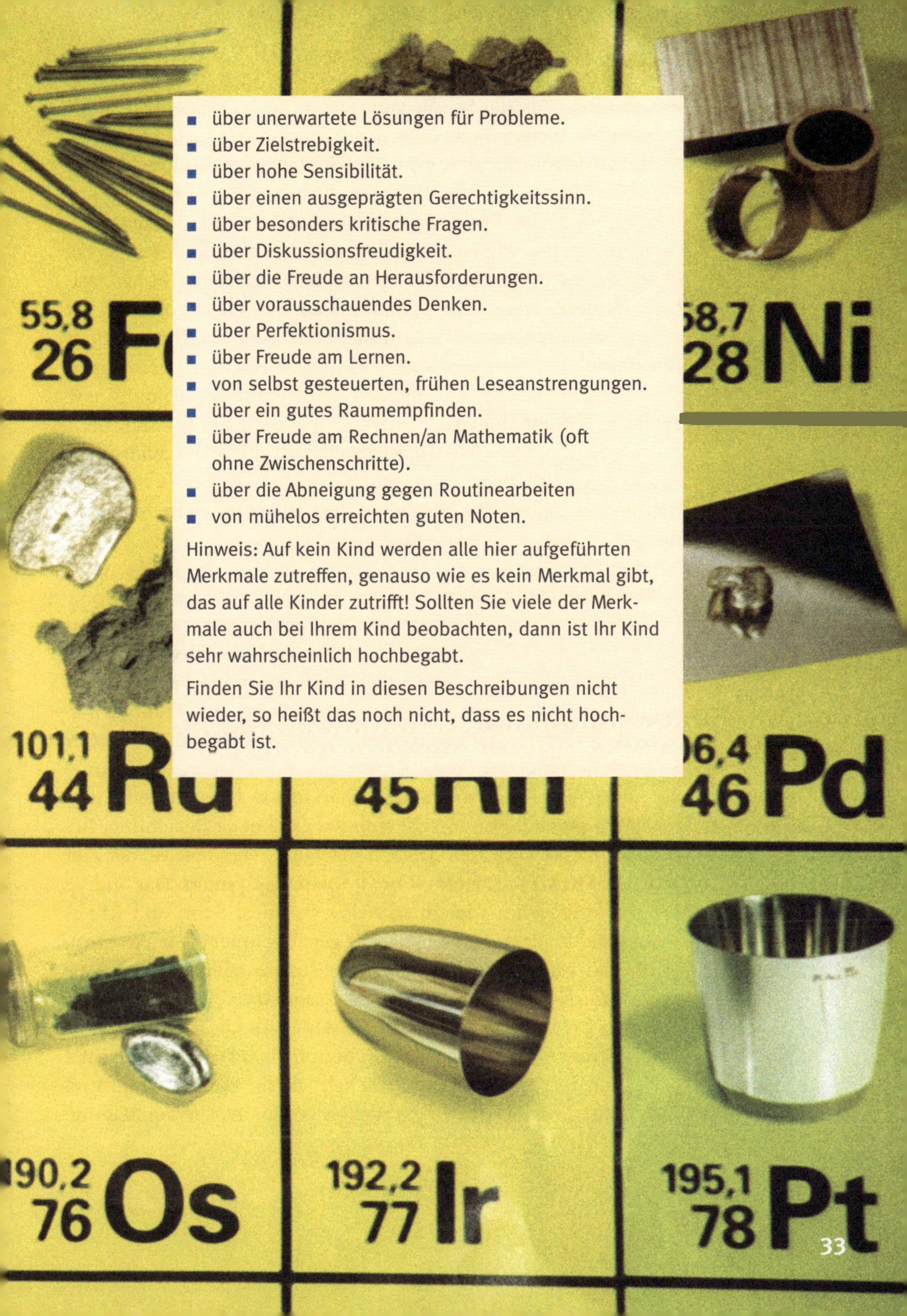

- über unerwartete Lösungen für Probleme.
- über Zielstrebigkeit.
- über hohe Sensibilität.
- über einen ausgeprägten Gerechtigkeitssinn.
- über besonders kritische Fragen.
- über Diskussionsfreudigkeit.
- über die Freude an Herausforderungen.
- über vorausschauendes Denken.
- über Perfektionismus.
- über Freude am Lernen.
- von selbst gesteuerten, frühen Leseanstrengungen.
- über ein gutes Raumempfinden.
- über Freude am Rechnen/an Mathematik (oft ohne Zwischenschritte).
- über die Abneigung gegen Routinearbeiten
- von mühelos erreichten guten Noten.

Hinweis: Auf kein Kind werden alle hier aufgeführten Merkmale zutreffen, genauso wie es kein Merkmal gibt, das auf alle Kinder zutrifft! Sollten Sie viele der Merkmale auch bei Ihrem Kind beobachten, dann ist Ihr Kind sehr wahrscheinlich hochbegabt.

Finden Sie Ihr Kind in diesen Beschreibungen nicht wieder, so heißt das noch nicht, dass es nicht hochbegabt ist.

- Das Kind ist in der Schule ganz anders als zu Hause (zu Hause ist es zum Beispiel aggressiv, in der Schule ganz zurückgezogen; zu Hause multipliziert es, in der Schule kann es nicht bis drei zählen ...).

Beachten Sie bitte: Diese negativen Symptome sind nicht automatisch ein Zeichen von Hochbegabung, sondern Auffälligkeiten, bei denen genauer untersucht werden sollte, ob nicht eine Hochbegabung dahinter steckt. Die Symptome können gleichermaßen auf eine Überforderung wie auf Krankheiten oder Erziehungsfehler hinweisen.

Typische Fehlannahmen

Vorurteile, Unkenntnis, Unsicherheit und durchaus auch übersteigerte Ansprüche können verhindern, dass die Umwelt und die Betroffenen selbst eine besondere Begabung als solche wahrnehmen.

Andere sind intelligenter

Eine Mutter erzählte mir folgende Geschichte: „Natürlich wussten wir, dass unser Sohn sehr intelligent ist. Aber die Idee, er könnte hochbegabt sein, ist uns eigentlich nicht gekommen. Uns ist nur aufgefallen, dass er, ein Einzelkind, sehr lange keine Freunde hatte, weder in seiner Krabbelgruppe noch im Kindergarten. Als unser Sohn eingeschult wurde, haben wir eine neu zugezogene Familie kennen gelernt. Wir haben als Familien sehr viel zusammen unternommen und alle waren sehr froh über die neue Beziehung. Besonders aber unsere Söhne haben sich gut verstanden. Mit der Zeit waren sie wie Zwillinge und nicht mehr zu trennen. Der andere Junge war jedoch in vielem schneller als unser Sohn und schien irgendwie klüger. Als ich diese Sache genauer unter die Lupe nahm, erfuhr ich von seiner Mutter, dass er superintelligent ist. Sie erstaunte mich jedoch noch mehr, als sie sagte, dass sie unseren Sohn ebenfalls für außergewöhnlich halte. Als ich lachte, fragte sie, ob es denn meiner Meinung nach nur superintelligent und ganz normal gäbe, und nichts dazwischen. Da sah ich sie ganz ernst an und sagte: ‚Auf die Idee sind wir gar nicht gekommen'. Die Vorstellung, dass mein Sohn zwar vielleicht nicht so begabt ist wie sein Freund, aber dennoch hochbegabt sein könnte, war neu für mich."

Unerfahrenheit

Als ich ein Elternpaar fragte, wie sie gemerkt hätten, dass ihre Tochter hochbegabt ist, antwortete die Mutter: „Wir haben es ja nicht gemerkt. Sie war für uns das süßeste, aber normalste Kind der Welt. Wir machten uns nur Sorgen um unsere zweite Tochter. Wir haben angenommen, dass bei ihr etwas nicht in Ordnung ist, weil sie sich so langsam entwickelte. Am Anfang dachten wir noch, wir wären einfach aus der Übung gekommen und nur ungeduldig mit unserer Kleinen. Aber dann kam die Große in die Schule. Sie war in ihrer ganzen Entwicklung viel weiter als ihre Klasse, sodass ihre Lehrerin uns vorschlug, sie eine Klasse überspringen zu lassen. Da wussten wir, dass nicht die Kleine, sondern die Große nicht ‚normal' war."

Hinkende Vergleiche

Eltern hochbegabter Kinder erzählen oft, dass sie sich gegenüber den Kindergarten- oder Schulfreunden ihres Sohnes oder ihrer Tochter, oder auch gegenüber den Nachbarskindern oft sehr ungeduldig verhalten, weil die „so langsam sind".

◀ Hochbegabte gehen ihren Hobbys manchmal sehr intensiv nach.

Der falsche Maßstab

Wenn Sie schon mal gedacht haben: „Das Kind kann doch nicht hochbegabt sein, es ist doch nicht anders, als ich in dem Alter war“, dann sollten Sie einen Test machen – Sie, nicht Ihr Kind!

Manchmal haben wir die falsche Brille auf

Es geschieht immer wieder, dass wir Begabung und Leistung verwechseln. Schnelles Denken ist eine Begabung. Diese Fähigkeit kann einem Mathematiker die Chance öffnen, eine neue Formel zu finden, oder einem Ganoven helfen, andere auszunehmen. Was sehen wir aber, wenn uns ein Kind einen intelligenten Streich gespielt hat – die Fähigkeiten oder die Ungezogenheit? Schärfen sie Ihren Blick!

Verpasste Chance

Ein Kind soll bei einer Vorschuluntersuchung ein Kästchen malen und das tut es auch. Anschließend wird es gefragt, ob es auch vier Kästchen malen könne. Das Kind malt daraufhin ein Kreuz in das vorhandene Kästchen. Es wird mit der Begründung nach Hause geschickt, es wäre emotional noch nicht geeignet, eingeschult zu werden.

Welche Hochbegabung?

„Welche Hochbegabung?“, ist die sarkastische Frage einer Lehrerin, die nicht glauben kann/will, dass ausgerechnet Marius, der Klassenkasper, hochbegabt sein soll, so wie es seine Mutter behauptet. Diese Frage, von der Lehrerin als so genanntes Totschlagargument eingesetzt, ist aber genau die Frage, die so manches klären könnte.

Oft ist es gerade der Klassenkasper, der besondere Begabungen besitzt. Zum Beispiel die ausgeprägte Fähigkeit, Zusammenhänge rasch zu erkennen und zu nutzen. Marius zum Beispiel kann andere Kinder auf seine Seite ziehen, manchmal sogar seine Lehrer. Er hat außerdem viel Witz, reagiert blitzschnell und zielsicher. (Über eine zu spät angebrachte Pointe lacht niemand.) Er mischt die Klasse mächtig auf.

Aggression und Eigensinn

Hochbegabte Kinder werden manchmal nicht als besonders wahrgenommen, sondern als aggressiv, gerissen und eigensinnig. Manche sind es auch. Wir versäumen oft, nach der Ursache und nach dem Sinn für ein solches Verhalten zu suchen. Kinder, die sich nicht erkannt fühlen, suchen sich eventuell einen anderen Weg, sich bemerkbar zu machen. Kinder, denen man nicht geholfen hat, ihre Kräfte sinnvoll einzusetzen, werden ihren Energieüberschuss anders loswerden wollen. Selbst Kinder mit einer ausgeprägten Rechtsauffassung beißen und kratzen manchmal, weil sie mit sich und der Welt nicht zurechtkommen. Kinder, die man in ihrer Sinnfindung nicht begleitet, werden vielleicht eigensinnig.

Aggressionen können ein Zeichen für nicht genutzte Energien und Begabungen sein.

Das Unterdrücken oder Ignorieren solcher Verhaltensweisen ist keine Lösung. Vielmehr muss diese Energie erkannt und positiv genutzt werden, um das Kind auszulasten. Sie können zum Beispiel versuchen, Ihrem Kind eine Aufgabe zu geben, an der es sich „festbeißen“ kann. Vielleicht entspannt sich die Situation, wenn es die Gelegenheit bekommt, in einem taktischen Spiel, das sein Potenzial herausfordert, jemanden zu „schlagen“.

Die Biografien großer Menschen zeigen, dass gerade ihre unbeliebten Eigenarten oft eine wichtige Komponente ihres Schaffens waren. Ihr starker Wille, etwas zu erreichen – etwa eine Idee zu verwirklichen oder einer Entdeckung nachzugehen – ging oft mit einer enormen Aggressivität einher. Diese Aggressivität richtete sich manchmal mit fast selbstzerstörerischer Kraft gegen die eigene Ruhebedürftigkeit. Eine Kampfbereitschaft gegen alle widrigen Umstände begleitete so manchen Erfolg. Auch bei den Sportnachrichten habe ich schon Formulierungen wie „Sein aggressiver Stil hat ihm das Treppchen zum Gold gesichert“ gehört.

Versuchen Sie sorgfältig zu prüfen, warum ein Kind aus der Rolle fällt. Vielleicht versucht es nur, Ihre Aufmerksamkeit zu wecken oder die seiner Lehrer. Urteilen Sie lieber nicht vorschnell, allzu schnell steht ein Kind in der Ecke.

Vorurteile

Viele der üblichen Vorurteile in Bezug auf Hochbegabung sind längst als falsch widerlegt worden. Meist wissen wir das sogar, aber trotzdem beherrschen sie unser Empfinden und steuern unser Handeln. Die Bilder, die unterschwellig immer noch in unserer Vorstellung präsent sind, fangen bei der Statur der so genannten Genies an: groß, mager und blass sollen sie sein. Natürlich passen nur die wenigsten wirklich in dieses Muster. Hochbegabte machen auch nicht immer alles richtig. Sie müssen allerdings bei jedem Fehler mit abfälligen Kommentaren rechnen wie: „Ich denke, der ist hoch- begabt?". Diese Bemerkungen stammen aber nicht nur von Nachbarn, Freunden und sogar Lehrern und Lehrerinnen, sondern auch von verunsicherten Eltern, die nicht wissen, wie sie mit Fehlern ihres kleinen „Überfliegers" umgehen sollen.

Hochbegabte sind nicht immer blass oder schlank und tragen auch nicht immer eine Brille!

„Hochbegabte Kinder sind doch dressierte Äffchen"

Ein kleines Mädchen zeigt auf der Straße auf ein Reklameschild und fragt laut: „Was ist das für ein Buchstabe, der mit den zwei Bäuchen?" Der Vater antwortet und erklärt das „B". Passanten bekommen die Situation mit. Einer lächelt, der andere murmelt unfreundlich: „Erst dressieren sie die Kinder und dann wollen sie Extra-Schulen."
Ein anderes Beispiel: Eine Lehrerin erklärt einer Gruppe von Eltern, dass sie ein Kind in der Klasse hätte, das bei Eintritt in die erste Klasse schon lesen und rechnen konnte. Sie sagt dazu: „Kein Wunder, die Großmutter lebt im gleichen Haushalt."

Vorurteile dieser Art werden meist schnell revidiert, wenn man die Sorgen von Eltern hochbegabter Kinder kennen lernt und deren Anstrengungen sieht, den immensen Wissensdurst ihrer Kinder zu stillen.

■ „Sie sahnen alle Preise bei Wettbewerben ab!", ist eine weitere weit verbreitete Meinung. Sie kann sowohl ein Ausdruck von Bewunderung als auch von Neid sein. Die Erwartung von Höchstleistungen scheint jedoch immer dahinter zu stehen.

- „Kinder, die vor Schuleintritt lesen lernen, sind nicht hochbegabt, sondern nur frühentwickelt". Darauf möchte ich mit der Frage antworten: Was ist mit einem Kind passiert, das sich ohne viel Mühe so schnell entwikkelt hat, diesen Entwicklungsvorsprung aber innerhalb des ersten Schuljahres wieder verliert?

> **Tipp**
>
> Sich selbst helfen zu können setzt voraus, dass man sich und seine Fähigkeiten gut kennt und dass man weiß, wozu man fähig ist. Das ist aber eine Erkenntnis, die so mancher Hochbegabten und so manchem Hochbegabtem fehlt. Erst die Auseinandersetzung mit anderen „Wunderkindern" verschafft hier Einsicht. Eine mangelnde Selbsteinschätzung geht auf das Konto der Umwelt!

- „Hochbegabung setzt sich durch!" – Wirklich? Wir kennen leider viele Gegenbeispiele.
- „Hochbegabte sind ohnehin schon bevorzugt." Dies können nur Menschen sagen, die die Last der Bevorzugung nicht erlebt haben.
- Das letzte Vorurteil, „Hochbegabte müssten in der Lage sein, für sich selbst zu sorgen", ist am schwersten zu widerlegen. Es ist wahr: Wer, wenn nicht sie, verfügt über die Fähigkeit, sich durch schnelle Lösungen besonders wirkungsvoll mit Problemen auseinander zu setzen? Auch kluge Kinder haben ein Recht auf Anleitung!

Die versteckten Fähigkeiten

Hinter einer Auffälligkeit kann sich eine Hochbegabung verbergen. Es ist leider eine Tatsache, dass bestimmte Persönlichkeitseigenschaften, zum Beispiel Zurückhaltung, Bescheidenheit oder auch vorlautes Auftreten, eine Hochbegabung verdecken können. Aber ebensogut kann es sein, dass Krankheit, Behinderung, Armut oder Bildungsferne den Hochbegabten bei der Entfaltung ihrer Talente im Weg stehen.
Ein weiterer Punkt erschwert die Feststellung einer Hochbegabung: Nicht alles machen oder lernen solche Kinder selbstständig.

Manche wollen an der Hand geführt werden wie andere Kinder auch; manche weigern sich sogar, etwas zu machen, was andere nicht machen, weil sie dazugehören wollen; wieder andere haben einfach ganz andere Neigungen, als wir erwarten würden.
Probleme wie ADHS (Hyperaktivität, verträumte Aufmerksamkeitsstörung), Legasthenie, verminderte Leistung bestimmter Sinnesorgane (durch Kurzsichtigkeit oder Hörschäden genauso wie durch andere Erkrankungen, zum Beispiel Stoffwechselstörungen oder eine einfache Erkältung) haben Einfluss auf die Leistungsfähigkeit eines Kindes und können das Kind behindern, seine Begabungen auszuleben. Auf der anderen Seite verstellen sie den Blick auf die Fähigkeiten, weil wir auf Schwächen sensibler reagieren als auf Stärken. Daher ist es ratsam, bei jeglicher Auffälligkeit (besonders auch wenn Kinder sich zurückziehen) eine nicht erkannte Hochbegabung mit in Betracht zu ziehen.

Das Phänomen „Underachievement" beweist, dass die Annahme „Wer nichts leistet, kann nicht hochbegabt sein" so nicht stimmt.

Underachiever

Hochbegabung wird allgemein als Potenzial gesehen und nicht durch Leistung definiert. Es gibt viele Kinder, Jugendliche und Erwachsene, die über ein hohes Potenzial verfügen, es aber kaum in Leistung umsetzen. Die Begabungen, über die sie vefügen, werden oft nur durch Zufall erkannt. Diese Menschen werden als „Minderleister" oder auch „Underachiever" bezeichnet. Das ist der Fall, wenn zum Beispiel ein überaus intelligentes Kind schlechte Noten hat. Dieses Problem ist allein schon wegen der frühen Auslese in der Schule nicht zu unterschätzen. Die Presse schildert immer wieder die tragischsten dieser Fälle. Sie greift Fälle auf, die man lieber unter den Teppich kehren würde, und berichtet von Kindern mit einem IQ von weit über 130, die in Sonderschulen landen.

Überfordert durch Unterforderung

Einem Elternpaar hatte man nahe gelegt, sein Kind wegen massiver mathematischer Verständnisschwierigkeiten die erste Klasse wiederholen zu lassen. Die Arbeiten seien voller Fehler, sagte die Lehrerin, und die Ergebnisse oft abgeschrieben. Die Mutter berichtet mir das verzweifelt und beteuert dabei, dass ihr kleiner Florian sehr gut rechnen könne und längst Rechenarten anwende, die in der Schule noch gar nicht Thema waren. Ich ließ mir daraufhin eine Arbeit zeigen und versuchte, die Ursachen der Fehler aufzuspüren. Die Aufgaben zur Zehnerüberschreitung waren folgendermaßen gestellt: 8 + 7 = 8 + [ ] + [ ] = [ ]. Auf dem Arbeitsblatt fanden sich allerhand Kritzeleien, bei denen nicht klar war, ob sie ein Ergebnis von Langeweile oder mögliche Lösungsansätze dieser mathematisch falschen Gleichung darstellten. Letztlich war in dem dritten Kästchen eine 15 zu entdecken und unter den ersten beiden Kästchen standen allerlei Zahlen wirr nebeneinander, einige durchgestrichen, andere eingekreist. Weitere Aufgaben dieses Typs folgten mit einem ähnlichen Erscheinungsbild. Unten auf der Seite stand in sattem Rot eine glänzende Sechs mit dem Vermerk: „Du hast abgeschrieben!“. Was ich dem Blatt dank meines Mathematikstudiums entnehmen konnte, brachte schließlich die Lösung: In der Gleichung kommen drei gleiche Kästchen vor, sie suggerieren, dass gleiche Zahlen eingesetzt werden sollen, es gibt aber keine Zahl, die, in alle drei Kästchen eingesetzt, ein richtiges Ergebnis liefern würde. Ohne ein gutes mathematisches Verständnis wäre mir diese Art der Beweisführung womöglich entgangen. Wie aber sollte der Erstklässler Florian in Worte kleiden, was er da gesucht und nicht gefunden hatte? Die Ergebnisse nach Auslassen des Zwischenschrittes waren alle richtig. Sie wurden jedoch willkürlich als abgeschrieben klassifiziert.

Hochbegabte haben durch ihre schnellere Auffassungsgabe oft Probleme, sich in die Kleinschrittigkeit des Lernens in der Schule einzufügen.

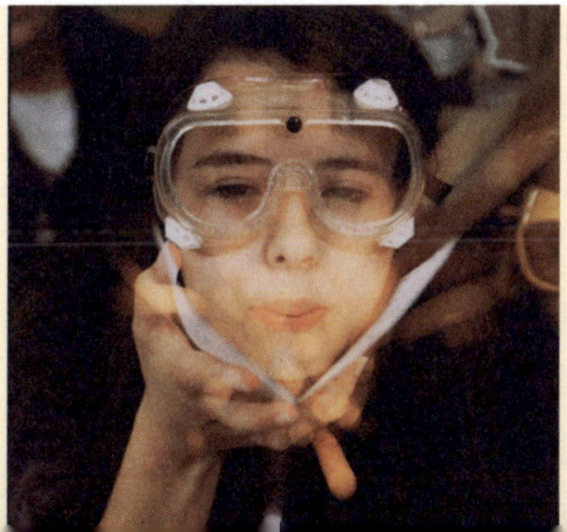

Über „Underachievement“ wird vor allem dann gesprochen, wenn ein sehr intelligentes Kind schlechte Noten hat.

Kinder, die selbstständig Lösungen erkennen, haben oft Schwierigkeiten, sich an vorgegebene Lösungswege zu halten. Wenn ihre Lösungsweise bestimmte Zwischenschritte nicht braucht, dann sind die Vorgaben dem Kind eher ein Hindernis als eine Hilfe. Die Frage „Wie hast du das gerechnet?" kann gar nicht anders beantwortet werden als mit: „Ich habe es eben gewusst!". Den Namen für das Symptom in dem gerade geschilderten Beispiel habe ich dem Titel eines Gedichtes der Schulpsychologin Monika Kubovsky entliehen. Sie hält darin sehr treffend die Not mit dem Lernen fest. Bis zu dem oben geschilderten Beratungsgespräch hielt ich dieses Gedicht lange für eine Überspitzung, heute kenne ich seine Realitätsnähe.

> [...] heute Kinder gibt es etwas ganz ganz
> Besonderes
> 5+6
> und hat noch nicht zu Ende gesprochen
> da platzt es aus einem heraus
> laut und triumphierend
> 11
> elf
> nein jaaa schon
> nein Karli
> so
> einfach
> ist das nicht [...]

Im Gedicht geht es um eine Klassensituation, in der erklärt wird, wie bei der Zehnerüberschreitung zu rechnen ist. Danach werden die Kinder nach dem Ergebnis gefragt, aber die Klasse hat es noch nicht begriffen. Karli schweigt jetzt dazu.

> [...] seine Augen schauen ins Leere
> er ist nicht schulreif
> denkt die Lehrerin
> er verweigert die Leistung [...]

Verkannte Begabungen

Es ist wichtig, sich auch dem Phänomen der Minderleistungen zuzuwenden, die kaum Aufsehen erregen. Eine Minderleistung liegt vor, wenn Menschen nicht unbedingt hinter erwarteten, aber ganz beträchtlich hinter *ihren* Möglichkeiten bleiben.

Nichts für Mädchen

Die Tochter eines Automechanikers bekommt am Mittagstisch bei Gesprächen zwischen dem Vater und dem älteren Bruder einiges zur Funktionsweise von Motoren, zu Fehlerquellen bei Schäden usw. mit. Sie hört interessiert zu und bald hat sie genug Wissen aufgeschnappt, um mitreden zu können. Ihre Gesprächsbeiträge werden jedoch nicht wirklich ernst genommen, sondern vielmehr belächelt und schließlich ignoriert. Das Mädchen ist frustriert und zieht sich daraufhin immer mehr zurück. Auf diese Weise verkümmert ihr Talent. Sie bekommt zudem den Eindruck, sich etwas Falschem gewidmet zu haben, und wird ihrem Interesse nicht weiter nachgehen. Wenn sie allerdings keinen Ersatz, kein neues Steckenpferd findet, wird auf die Dauer ihr Selbstbewusstsein leiden. Niemandem wird auffallen, dass ein großes Potenzial vergeudet und ein großes Interesse enttäuscht wird. In Physik hat sie eine Eins, obwohl sie nur das Notwendigste macht – „weil es so langweilig ist“. Dieses Mädchen wird nicht als Underachiever bezeichnet, weil keiner eine bessere Note als eine Eins erwartet. Trotzdem ist sie eine „Minderleisterin“, gemessen an den Möglichkeiten, die in ihr schlummern.

Dauerhafte Unterforderung kann dauerhafte negative Folgen für einen Menschen haben.

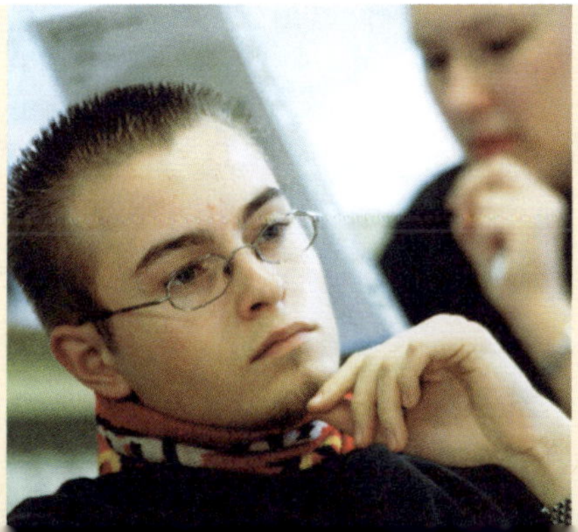

In einer Biografie von Stephen Hawking wird erzählt: „Er war in seiner Studienzeit den anderen Studenten bereits früh überlegen, gab sich jedoch große Mühe, durch Faulheit auf ihr Niveau herunterzukommen, um zu ihnen zu gehören.“

Alles besser als Schule

Ein mathematisch hochbegabter Jugendlicher will seine kostbare Zeit nicht, wie er sagt, „im Unterricht vergammeln“. Er nutzt jede Gelegenheit, um dem Unterricht fernzubleiben. Für die Fehlzeiten hat er bisher immer eine plausible Entschuldigung gehabt. Zu Klassenarbeiten geht er jedoch hin und schreibt seine Einsen. Im Unterricht, sofern er da ist, arbeitet er auch gut mit, seine Hausaufgaben erledigt er auf der Busfahrt zur Schule. Nachmittags macht er bei einer Band mit, in die er all seine Energie steckt. Die Schule hingegen „ödet ihn an“. Da seine Schulleistungen aber den Erwartungen der Schule entsprechen, kommt niemand auf die Idee, ihn einen „Underachiever“ zu nennen, obwohl seine Leistungen ungeahnt weit unter seinem persönlichen Leistungspotenzial liegen.

Diese Beispiele haben mir die Betroffenen als Erwachsene erzählt, die erst als Eltern hochbegabter Kinder lernten, sich selbst auf der Skala der Begabungen einzuordnen und in neuem Licht zu sehen. Die Betroffenen wurden damals nicht als „Underachiever“ bezeichnet. Auch heute würde das kaum jemand tun, weil diese Art von Minderleistung akzeptiert wird, ja willkommen ist! Alle beide sprachen von verpassten Chancen und vergeudeter Zeit und von quälenden Selbstzweifeln!

Viele Erwachsenen sind scheinbar gut durch die Schule gekommen, haben aber innerlich noch lange an so manchen Erlebnissen zu knabbern. Wenn hochbegabte Erwachsene erst im Berufsleben merken, was in ihnen steckt, dann ist das ein deutliches Versagen der Schule oder genauer: der Gesellschaft, die diese Schule entworfen hat.

Ihre Anpassungsbereitschaft kann Mädchen ausbremsen.

Wie ist in diesem Zusammenhang das Ergebnis der Studie von D. H. Rost zu werten, die besagt, dass „nur“ 15 bis 20 Prozent aller Hochbegabten „Underachiever“ sind (nur die wirklich problematischen Fälle werden hier eingerechnet). Man geht also davon aus, dass die meisten Hochbegabten ihre Talente auch ausleben können. Das immerhin ist erfreulich.

Begabte Mädchen

Ein mathematisch begabtes Mädchen liest statt Romanen Biografien großer Mathematiker, macht statt Hausaufgaben Wettbewerbsaufgaben der letzten Jahre, kauft von ihrem Eisgeld Rätselhefte oder blättert im Mathebuch des zwei Jahre älteren Bruders. Niemand nimmt das wahr. Die Leistungen im Mathematikunterricht sind nicht besonders gut, dafür hat sie sehr viele Freundinnen. Sie schäkert gern mit ihnen und ist sehr beliebt. Keine der Freundinnen ist gut in Mathe. Irgendwann meldet sie sich freiwillig bei der Mathematikolympiade. Sie bekommt einen der Spitzenplätze. Der Mathematiklehrer freut sich über das Ergebnis und die Freundinnen bestaunen die Leistung, aber anschließend kehrte alles wieder zur Normalität zurück.

Es empfiehlt sich, Schwestern hochbegabter Jungen immer mittesten zu lassen.

Vielleicht wird Sie das erstaunen, aber das Mädchen hat erkannt wozu sie fähig ist. Sie hat ihre Leistungsfähigkeit für sich über den Wettbewerb geklärt, mehr wollte sie damals nicht. Ihr waren die sozialen Beziehungen und die Schonung ihrer Freundschaften wichtiger als ihre Noten. Es ist ein bekanntes Phänomen, dass sich wesentlich mehr Eltern von Jungen als von Mädchen bei Beratungsstellen melden. Mädchen tendieren dazu, sich möglichst unauffällig zu verhalten. Sie passen sich schneller als Jungen den Erwartungen an, die man an sie richtet. Wenn das ein bewusster Akt ist und die eigenen Bedürfnisse nach intellektueller Entwicklung zugunsten der Pflege von sozialen Beziehungen zurückgesteckt werden, ist das ein bedauerlicher Verlust von Potenzial. Auf Dauer ist es schädlich für ein Kind, seine Talente nicht entwickeln zu können. Auf dem Spiel steht nicht weniger als das Selbstbewusstsein und die Selbsterfahrung. Es ist zu vermuten, dass sich einige hochbegabte Mädchen, die auffällig still sind, zurückziehen und manchmal unter psychosomatischen Erkrankungen leiden, im Grunde vor allem an ihrem nicht ausgeschöpften Potenzial leiden. Das ist jedoch ein vermeidbares Leid. Vielleicht fallen Ihnen solche „Unauffälligen“ auf? Sprechen Sie ein solches Mädchen gezielt an, geben Sie ihm eine Rückmeldung über seine Fähigkeiten.

Ist mein Kind hochbegabt?

Sie fragen sich, ob Ihr Kind hochbegabt ist? Versuchen Sie, sich der Antwort zu nähern, indem Sie Ihre Frage abwandeln: „Wo liegen die Stärken meines Kindes?“ Um Begabungen zu erkennen und sie richtig einschätzen zu können, reichen meist die eigene Aufmerksamkeit und die richtigen Vergleichsmöglichkeiten. Um zu seinem Eindruck zu stehen braucht man aber noch mehr: Bestätigung von außen und Mut ...

Gründe, sich beraten zu lassen

Sie haben sicher einen ganz konkreten Grund, der Sie die Frage nach der Hochbegabung stellen lässt:

- Wollen Sie wissen, ob das, was Sie beobachten, besonders ist?
- Hat jemand Sie auf diese Möglichkeit aufmerksam gemacht, Sie können es aber nicht glauben?
- Gibt es irgendwelche beunruhigenden Anzeichen bei Ihrem Kind? Verstehen Sie vielleicht Ihr Kind nicht mehr?
- Glaubt Ihr Kind nicht an seine Begabung?
- Befürchten Sie, eine Chance zu verpassen, etwas falsch zu machen?
- Gibt es Störungen/Unstimmigkeiten zu Hause/in der Schule?
- Kommt Ihnen etwas seltsam vor?
- Fordert jemand einen Nachweis?

- Möchten Sie mehr Förderung für Ihr Kind durchsetzen?
- Stehen Springen, ein Schulwechsel oder die Entscheidung für eine besondere Fördermaßnahme bevor?
- Vielleicht haben Sie es auch satt, sich ständig rechtfertigen zu müssen, und wünschen sich von einem Test „Entlastung"?
- Vielleicht sind Sie einfach nur neugierig?

Neugier

Es kann eine unterhaltsame Sonntagsnachmittagsbeschäftigung für die ganze Familie sein, einen der vielen Tests aus einer Zeitschrift zu machen. Vielleicht können Sie sich sogar in Mannschaften aufteilen, zum Beispiel Eltern gegen Kinder. Diese Tests sind eine gute Möglichkeit, die eigene Neugier zu befriedigen.

Die Erkenntnis, dass Ihr Kind hochbegabt ist, müssen Sie auch gefühlsmäßig verarbeiten.

Überlegen wir, wer von der sicheren Diagnose „Hochbegabung" profitieren würde: Sie oder Ihr Kind? Es gibt auch Tests für Erwachsene.

Unsicherheit

Manchmal melden sich Eltern für eine Beratung bei mir mit den Worten an: „Ich glaube zwar nicht, dass mein Kind hochbegabt ist, aber ..." Inzwischen möchte ich manchmal bereits am Telefon sagen: „Sie glauben es nicht, aber Sie wissen es, oder? Vertrauen Sie Ihrem Gespür!"

Wo kann ich Lisa testen lassen?

Lisas Mutter fragt mich, wo sie die Begabung ihrer Tochter testen lassen könnte. Auf meine Gegenfrage, warum sie das tun möchte, antwortet sie: „Ich glaube zwar nicht, dass Lisa hochbegabt ist, aber

Scheuen Sie sich nicht, typische Begabungsprobleme mit anderen zu besprechen – vielleicht in einer Selbsthilfegruppe oder in einer professionellen Beratungsstelle.

Tipp

Überlegen Sie, was Sie von einem Test erwarten. Scheuen Sie sich nicht, Ihren eigenen Wahrnehmungen zu glauben, aber schrecken Sie auch nicht davor zurück, psychologische Hilfe zu suchen, wenn Sie unsicher sind.

sie ist so weit für ihr Alter ..." Lisa ist gerade vier geworden. Seit zwei Jahren beschäftigt sie sich mit Buchstaben und inzwischen interessiert sie sich beim Einkaufen auch für die Preise. Sie diskutiert mit ihrer Mutter, welches Mehl gekauft werden soll, weil bei dem billigeren noch etwas Geld für paar Bonbons übrig bleiben würde. Beim Spielen analysiert sie alles und jedes, beim Anziehen diskutiert sie darüber, welche Farben und Muster zusammenpassen. Die Eltern überlegen nun, ob und wann sie ihr Kind einschulen. Sie unterstützen Freizeitbeschäftigungen, die dem Kind Spaß machen, sie lesen viel mit ihm, besuchen Museen ... Auf die Frage, was sie denn von einem Test erwarten würde, sagt die Mutter: „Na dann wüsste ich, dass ich alles richtig mache." Meine Frage, ob sie denn unsicher wäre, verneint sie.

Trotzdem kann es für Eltern sehr wichtig sein, „offiziell" zu erfahren, wie begabt ihr Kind ist, selbst, wenn das Kind immer wieder seine ungewöhnlichen Fähigkeiten unter Beweis stellt, aber erst recht, wenn die Leistungen des Kindes sehr schwankend oder sogar schlecht sind. Ein Test hat in so einem Fall die Funktion einer Erlaubnis, an das eigene Kind zu glauben. Diese Hilfe sollten sich Eltern gönnen!

Sie können auch die Merkmalliste auf Seite 32/33 zur Hand nehmen und sie der Reihe nach durchgehen. Solange Sie nicht verbissen einen Punkt nach dem anderen abhaken wollen, wird sie Ihnen vielleicht helfen, den Blick auf Ihr Kind zu schärfen. Vielleicht denken Sie ja sofort „Ja, so ist mein Kind", oder Ihnen fallen einzelne Punkte auf, die Sie nachdenklich machen, aber noch keine klare Aussage ermöglichen. Über die ungeklärten Punkte und Ihre Unsicherheit können Sie mit jemandem sprechen, der

Kinder müssen sich und die Welt kennen lernen, dazu brauchen sie beschützende und herausfordernde Beziehungen.

Lara, 2 Jahre – im Schreiben (!) und Zeichnen ihren Altersgenossen weit voraus.

etwas von Hochbegabung versteht. Sie können sich mit Ihren Fragen aber auch an eine Erzieherin, Lehrerin oder Kinderärztin wenden und mit ihnen über den Stand der Entwicklung Ihres Kindes sprechen, da diese Vergleichsmöglichkeiten haben, die Ihnen wahrscheinlich fehlen. Dies setzt natürlich voraus, dass die Gesprächspartner nicht vorurteilsbelastet sind, aber die meisten Menschen sind inzwischen, auch dank der Verbreitung des Themas durch die Medien, sehr offen. Manchmal ist es ratsam, die Vokabel Hochbegabung im Gespräch erst einmal durch einzelne Merkmale zu ersetzen und über typische Symptome und beobachtete auffallende Fähigkeiten zu sprechen. Selbsthilfegruppen können Sie informieren und stärken. Andere Eltern haben vielleicht ganz ähnliche Probleme!

Auffälligkeiten klären

Gibt es Probleme in der Schule oder im Kindergarten, sollten Sie zunächst auf Erzieher oder Lehrer zugehen. Bestätigt sich Ihre Sicht oder irritiert Sie etwas an Ihrem Kind nachdrücklich, dann scheuen Sie sich nicht, eine Beratungsstelle, den Schulpsychologen oder eine kinder- und jugendpsychiatrische Praxis aufzusuchen. Hier kann eine ausführliche Diagnostik durchgeführt werden, die Ihnen mehr Sicherheit geben kann. Auffälligkeiten können vielfältige Ursachen haben und bei

Ein Gespräch mit dem Lehrer, der Lehrerin ist auch dann sinnvoll, wenn sie vermuten, dass er oder sie nicht gut über Hochbegabung informiert ist.

einer Untersuchung zum Beispiel wegen Verdachts auf Legasthenie, ADHS oder nicht bestimmbare Krankheiten sollte immer auch eine Hochbegabung mit in Betracht gezogen werden. Achten Sie darauf, dass auch ein IQ-Test durchgeführt wird.

Den richtigen Förderweg finden

Angesichts einer immer bunteren Kindergartenlandschaft und einer immer komplexeren Schulstruktur wird es zunehmend schwieriger, den richtigen Platz für ein Kind zu finden. Spätestens wenn es im Kindergarten angemeldet werden soll, ist es Zeit, sich darüber Gedanken zu machen, welche Einrichtung die geeignete ist. Beim Übergang vom Kindergarten in die Schule sollte man nicht nur überlegen, welche Art von Schule passt und welche Schule genau in Frage kommt, sondern auch, wann der richtige Zeitpunkt für eine Einschulung gegeben und welche Klassenstufe angemessen ist. Das Gleiche gilt für einen Schulwechsel und das Überspringen von Klassen. Die Kindergärten, Schulen, ja selbst die schulpsychologischen Dienste sind auf diese Frage noch nicht grundsätzlich vorbereitet, aber es gibt hier wie überall sehr engagierte Menschen, die Sie kompetent beraten und Ihnen auch helfen können, einen geeigneten Platz zu finden. Wenn Sie Ihr Kind in eine Einrichtung für Hochbegabte schicken oder an einem besonderen Förderangebot teilnehmen lassen wollen (dazu gehören zum Beispiel Kurse mit einem erhöhten Niveau, Spezialklassen, Spezialschulen, höhere Klassen, Leistungsklassen und besondere Projekte – weitere Hinweise im Serviceteil), können Prüfungen vorgeschrieben sein, die Ihr Kind bestehen muss. Manchmal steht auch ein Schnupperangebot bereit.

Eine Hochbegabung kann sich hinter Verhaltensauffälligkeiten verbergen.

Ein Test für die Schule?

Eltern berichten mir häufig, dass die Klassenlehrerin des Kindes sich Gedanken gemacht hat, wie man verhindern kann, dass sich das Kind im Unterricht langweilt. Die Lehrerin schlägt dann manchmal vor, das Kind springen zu lassen oder in einen besonderen Förderunterricht zu schicken. Für weitere Schritte würde sie allerdings einen Test benötigen. Oft wird gesagt, es ginge nur um eine Formalität. Es stellt sich allerdings die Frage, was diese Formalität bewirken soll. Ein Test sagt letztendlich wenig darüber aus, wie das Kind zum Beispiel in einer neuen Klasse zurechtkommen würde und er allein richtet auch gegen Langeweile nichts aus. An vielen Schulen wird völlig unbürokratisch ausprobiert, ob das Kind sich in der höheren Klasse wohlfühlt und dort zurechtkommt.

Sollte jemand einen Nachweis von Ihnen verlangen, dann fragen Sie den- oder diejenige, warum das notwendig ist.

Ein Test als Rechtfertigung

Eine Mutter rief mich zwei Jahre nach einem Beratungsgespräch erneut an und suchte Klärung für eine veränderte Situation. Neu war, dass ihr Kind nach zwei Jahren Verweigerung nun doch einen Test gemacht hatte. Jetzt stand es schwarz auf weiß in einem Gutachten: Ihr Sohn ist hochbegabt. Die Mutter war einigermaßen bewegt, obwohl sie mit diesem Testergebnis gerechnet hatte. Ich habe sie am Ende des Gesprächs gefragt, welche Rolle der Test für sie spielt, und sie antwortete: „Ich muss mich jetzt nicht immer wieder für das rechtfertigen, was ich für mein Kind tue oder wonach ich frage. Ohne den dauernden Rechtfertigungsdruck bringe ich ganz neue Energie auf.“

◀ Manchmal ist der Klassenclown hochbegabt …

Wo Sie Beratung finden

Beratung zum Thema Hochbegabung finden Sie überall dort, wo es engagierte Menschen gibt, die sich in dieses Thema eingearbeitet haben. Da Berater aber bisher nicht gezielt zu diesem Zweck ausgebildet wurden, ist es schwer, etwas über die Qualität der angebotenen Hilfe zu sagen. Beratungsstellen gibt es zum Beispiel innerhalb der Selbsthilfeangebote (siehe Serviceteil). Inzwischen haben sich auch pädagogische Beratungsstellen und einige Nachhilfeinstitute des Themas angenommen. Diese Stellen führen in der Regel keine Testdiagnostik durch, aber Sie können hier anhand einer bereits erfolgten Diagnose eine Beratung zu Fördermöglichkeiten und darüber hinausgehende Tipps erhalten. An manchen Schulen finden Sie Lehrkräfte oder auch Sozialpädagogen und -pädagoginnen, die sich mit dem Thema beschäftigen und kompetent helfen können. Der Trend, dass Schulämter ein zentrales Beratungsangebot bereitstellen, setzt sich langsam durch.

Wünschenswert wäre es, an allen Schulen eine Beratungsperson für überdurchschnittliche Begabungen zu haben.

Weiterhin gibt es die Möglichkeit, sich beim schulpsychologischen oder jugendpsychiatrischen Dienst, bei Gesundheitsämtern oder psychologischen Beratungszentren von Fachkräften beraten zu lassen, die im Bereich Diagnostik gut ausgebildet sind und meist auch umfangreiche Tests durchführen können. Es gibt einige frei praktizierende Psychologen, die sich auf das Thema Hochbegabung spezialisiert haben. Zudem sind einigen Universitäten Beratungsstellen angegliedert.

Was erwartet Sie in einer schulpsychologischen Beratungsstelle?

Der schulpsychologische Dienst ist für Sie nur bei schulischen Problemen zuständig. Fragen der vorzeitigen Einschulung gehören auch dazu. Es ist wichtig zu wissen, dass nur der für Sie zuständige schulpsychologische Beratungsdienst in Ihrem Bezirk Sie beraten darf, es sei denn, es handelt sich um eine übergeordnete Einrichtung, die Hochbegabtenberatung zum Schwerpunkt hat. Der erste Termin bei einer Beratungsstelle kann auch ohne Kind stattfinden, in jedem Fall sollte hier eine gründliche Anamnese (ein Gespräch über die Symptome und die Entwicklung Ihres Kindes) erfolgen. Sie werden wahrscheinlich auch gebeten werden, einen Fragebogen auszufüllen. Hilfreich bei dieser Anamnese ist es, wenn Sie vorher schon einmal eine Merkmalsliste durchgearbeitet haben und sich so noch genauer an wichtige Entwicklungsschritte Ihres Kindes erinnern. Man wird Sie nach schulischen Unterlagen (Zeugnissen, Wettbewerbsurkunden, Proben von Aufsätzen oder Arbeiten) fragen. Halten Sie diese bereit.

Je detaillierter Ihre Angaben zum Beratungsanlass sind, umso gezielter können Tests ausgewählt werden.

Bei einem der folgenden Gespräche oder parallel zu Ihrem Gespräch kann Ihr Kind auf Ihren Wunsch getestet werden. Erzeugen Sie beim Kind keinen Druck, vertrauen Sie auf die Erfahrung des Testenden. Trotz einiger Bedenken, die Sie vielleicht haben und auf die ich noch näher eingehen werde, möchte ich hervorheben: Den allermeisten Kindern macht es viel Spaß, einen IQ-Test zu machen. In der Regel sollten zwei IQ-Tests durchgeführt werden. Zusätzlich können noch Persönlichkeitstests, Leistungstests und spezifische Tests (die zum Beispiel Legasthenie, ADHS oder Ähnliches nachweisen) durchgeführt werden.

Nach einigen Tagen sollte es dann zu einem Auswertungsgespräch kommen. Stellen Sie bitte vorher klar, ob Ihr Kind daran

Tipp

Immer wenn Sie eine Beratungsstelle zu Rate ziehen möchten, sollten Sie vorab klären, ob man dort Erfahrung mit Hochbegabten hat.

Tipp

Fragen Sie in einem Beratungsgespräch so lange nach, bis Sie alle Informationen haben, die Sie brauchen. Trauen Sie sich, auch mehrere Male nachzuhaken. Die Berater sind dazu da, Ihnen alles zu erklären!

teilnehmen soll. In diesem Gespräch sollten die Testergebnisse erörtert werden. In vielen Fällen wird Ihnen anschließend ein Kurzgutachten ausgehändigt. Darüber hinaus sollte über die nächsten Schritte beraten werden (schulische und außerschulische Förderangebote, Therapien und so weiter). Der Berater kann auch Kontakt zur Schule aufnehmen. Natürlich nur mit Ihrem Einverständnis! Es spricht in der Regel nichts dagegen, da die Schulpsychologin oder der Schulpsychologe aus einer neutralen Position heraus argumentieren kann und das Gespräch mit Lehrern oder Lehrerinnen Ihres Kindes so vereinfacht wird. Sinnvoll ist ein Gespräch am runden Tisch mit der Testperson, den (wichtigsten) betroffenen Lehrkräften, eventuell der Schulleitung und Ihnen. Hier kann die Situation des Kindes dargelegt und über Ziele und Perspektiven gesprochen werden. Man kann zudem Vereinbarungen in Bezug auf Maßnahmen treffen sowie deren Rahmenbedingungen (Beginn, Laufzeit, Umfang) festlegen. Vollständigkeitshalber sollte festgestellt werden, wer das Kind und wer die Lehrkräfte informiert. Eine kontinuierliche Begleitung durch die Beratungsstelle ist wünschenswert.

Pro und kontra Test

Das Zahlenergebnis eines Tests kann ein sehr wichtiger Hinweis sein, aber ein falsches Testergebnis kann durchaus schlimme Folgen haben. Es gibt die Auffassung, dass es für eine betroffene Person besser ist, nicht getestet zu sein, als von einem falschen Ergebnis auszugehen. Diese Warnung wird kaum beachtet. Die magische Wirkung der Zahlen täuscht eine höhere Objektivität vor, als diese in Wirklichkeit gegeben ist. Eine Abweichung nach oben ist zwar aller Wahrscheinlichkeit nach nicht zu erwarten, aber eine zu niedrige kann durchaus vorkommen. Es gibt viele Gründe, warum ein Test „danebengehen“ kann: Krankheit, Angst vor der Situation, Angst vor der testenden Person, Unlust, Verweigerung, fehlende Konzentration, das Kind entwickelt eine größere Kreativität, als der Test es zulässt, der Test ist veraltet, es ist ein für das Alter ungeeigneter Test, die testende Person macht einen Fehler, die Atmosphäre ist schlecht und vieles mehr.

Versuchen Sie, Ihr Kind mit Einfühlungsvermögen auf den Test vorzubereiten. Ein Satz wie „Du musst da mitmachen, sonst glauben die mir in der Schule gar nichts mehr“ kann verheerende Folgen haben. Bei kleinen Kindern funktioniert es am besten, wenn ihnen erzählt wird, dass sie sehr spannende Aufgaben machen können. Die Augen der meisten Kinder glänzen nach so einem Test. Dass Ihr Kinder sich eventuell weigert, den Test zu machen, und so etwas „ganz blöd“ findet, können Sie nicht verhindern. Sie sollten aber dafür sorgen, dass Ihr Kind in einer normalen Verfassung zum Testen geht, und beobachten, wie es ihm nach dem Test geht. Sprechen Sie darüber mit der testenden Person.

Setzen Sie Ihr Kind vor einem IQ-Test nicht unter Druck.

Ein Test kann auch entlasten ...

In einem Elterngespräch erfuhr ich zufällig von den Schulschwierigkeiten der älteren Schwester eines Hochbegabten. Ich fragte nach, die Eltern waren über mein besonderes Interesse für die „schlechte“ Schülerin erstaunt. Sie berichteten und hielten irgendwann inne: „Meinen Sie, sie könnte auch hochbegabt sein?“ Diesen Eltern war während des Erzählens etwas bewusst geworden: Der Sohn war Klassenbester, die Tochter Klassenleiseste. Jenseits dessen gab es viele Gemeinsamkeiten: Beide Kinder schätzten wissenschaftliche Sendungen im Fernsehen, beide hatten eine Vorliebe

Der IQ-Test ist ein sehr gutes Instrument, sollte aber mit ähnlicher Vorsicht angewandt werden wie ein Medikament. Er kann, wenn auch sehr selten, Nebenwirkungen haben.

Tipp

Stellen Sie sicher, dass der Berater oder die Beraterin dem Thema Hochbegabung generell offen gegenübersteht und dieses nicht womöglich als Spinnerei oder überzogenen Ehrgeiz aburteilt.

für klassische Musik. Schon immer interessierten sie sich für die gleichen Dinge, dieselben Spiele. Nach Monaten meldete sich die Mutter wieder: „Wir konnten es fast nicht glauben: Unsere Tochter hat ein fast noch besseres Testergebnis als unser Sohn. Wir mussten ihr das Ergebnis zeigen, weil sie es nicht glauben konnte. Ihre Ferndiagnose war absolut zutreffend: Sie hatte bislang nicht an sich geglaubt, ihre außerordentlichen Fähigkeiten unterschätzt. Wir haben bis jetzt weder mit Lehrern gesprochen noch sie in einer bestimmten Weise unterstützt und haben trotzdem ein völlig anderes Kind! Sie macht regelmäßig ihre Hausaufgaben, alle Arbeiten, die sie im letzten Vierteljahr geschrieben hat, sind um Stufen besser. Und vor allem: Sie lacht wieder!"

Wie sieht ein Gutachten aus?

Üblicherweise bekommen Sie nach der durchgeführten Diagnostik ein Kurzgutachten im Umfang von einer bis zu zwei DIN-A4-Seiten. Ein detailliertes Gutachten kann sich über zehn und mehr Seiten erstrecken. Das Gutachten führt den Anlass der Testung auf, die angewendeten Testverfahren (meist mit einem Hinweis auf das Anwendungsgebiet) und ein mehr oder weniger verschlüsseltes Ergebnis der Tests sowie die daraus resultierenden Empfehlungen. Haben Sie also eine Beratungsstelle aufgesucht, um den IQ Ihres Kindes zu erfahren, so wird als Anlass eine „Feststellung der intellektuellen Leistungsfähigkeit" genannt. Weiterhin werden die Testinstrumentarien angegeben, gefolgt von einer kurzen Charakterisierung. Dann folgt die Beschreibung der einzelnen Ergebnisse, z. B.: „Hannahs sprachabhängige Begabungen sind außergewöhnlich gut und liegen weit über dem Durchschnitt ..." Bei einem hochbegabten Kind folgen noch weitere Formulierungen wie „hervorragend", „mit höchster Punktzahl" oder „ausgezeichnet". Vielleicht gibt es hier oder da eine kleine Einschränkung. Zu jedem Test gibt es eine Zusammenfassung. Bei dem KFT könnte die lauten: „Das Gesamttestergebnis ist mit einem Prozentrang von 99 hervorragend. Das bedeutet, dass Hannahs intellektuelle Leistungsfähigkeit ganz außergewöhnlich ist und sie über sehr große Begabungen verfügt". Wenn Sie die Beratungsstelle aufgesucht haben, weil Sie sich Aufschlüsse über ein Handicap Ihres Kindes erhofft haben, so wird dieser Anlass kurz umrissen. Das Gutachten kann dann angeben: „Grund der Beratung sind gravierende Probleme im Bereich der Rechtschreibung." Bei einer guten Testdiagnostik wird trotzdem auch eine überdurchschnittliche Begabung in Betracht gezogen und mitgetestet, da diese gegebenenfalls Einfluss auf die Erscheinungsweise des Handicaps hat.

Wie viel kostet die Beratung?

Ich werde immer wieder gefragt, wie viel ein Test oder eine Beratung kostet. Die schulpsychologischen Dienste stellen ihre Dienstleistung unentgeltlich zur Verfügung, wenn eine schulische Problematik vorliegt. Die den Universitäten angegliederten Institute, die frei praktizierenden Psychologen, Psychologinnen, Pädagoginnen, Pädagogen, Kinderärztinnen und Ärzte arbeiten nur kostenpflichtig, meistens nach festgelegten Sätzen. Fragen Sie bei diesen Stellen gezielt nach. Die Sätze belaufen sich von etwa 150 Euro auf bis zu mehrere hundert oder sogar tausend Euro. In psychiatrischen Einrichtungen haben Sie eventuell die Möglichkeit, die Diagnostik über Ihre Krankenkasse abrechnen zu lassen, Voraussetzung ist ein gegebenes, handfestes Problem. Einen Test aus Neugier wird keine Kasse bezahlen. Eine telefonische Beratung bei Vereinen und Selbsthilfegruppen ist in der Regel kostenfrei.

Es ist durchaus üblich, dass der IQ in einem Gutachten gar nicht genannt wird, sondern dass nur durchschnittliche, überdurchschnittliche oder auch weit überdurchschnittliche Fähigkeiten attestiert werden.

Angemessen fördern

Vielleicht haben Sie bisher gespannt den Text verfolgt und innerlich Ihr Kind betrachtet und nach Parallelen gesucht. Vielleicht interessieren Sie aber die Diagnose und das Phänomen Hochbegabung gar nicht so sehr und Sie möchten vor allem über Möglichkeiten der Förderung informiert werden. Wichtig ist hier, zu bedenken, dass nicht jede Fördermaßnahme für jedes Kind geeignet ist und auch nicht jeder Lehrer jedes Konzept befürwortet. Nicht jede Situation lässt sich durch ein bewährtes Rezept verbessern.

Der Mensch begreift sich nicht an sich, sondern erst in der Auseinandersetzung mit anderen.

So möchte ich Sie, bevor ich Fördermöglichkeiten aufzeige und auf die Notwendigkeit und das Recht einer angemessenen Förderung eingehe, dazu einladen, einen Augenblick innezuhalten und kurz Bilanz zu ziehen, wie es Ihrem Kind und wie es Ihnen geht. Wo stehen Sie, wo steht Ihr Kind? Wie harmonieren seine Fähigkeiten und Bedürfnisse mit seiner Entwicklung? Haben Sie genug Kraft, Ihr Kind selbst zu unterstützen, oder wäre wünschen Sie sich Entlastung?

Was Hochbegabte brauchen

Die Bedürfnisse hochbegabter Kinder sind gar nicht so verschieden von denen anderer, und doch sind sie ganz anders. Jedes Kind will wahrgenommen und um seiner selbst willen geliebt werden, jedes

> ## Tipp
> Um sich für die richtige Förderung entscheiden zu können, ist es wichtig, sich Gedanken über die Bedürfnisse und Möglichkeiten des Kindes sowie über die Gegebenheiten im direkten Umfeld zu machen.

Kind braucht Anerkennung für das, was es leistet. Jedes Kind möchte die Welt erkunden und dazugehören, jedes Kind braucht Freunde, mit denen es sich auseinander setzen kann. Jedes Kind muss Gelegenheit haben, sich selbst kennen zu lernen, den eigenen Wert zu schätzen, seine Fähigkeiten und Grenzen zu erfahren. Jedes Kind möchte und muss seine Fähigkeiten einsetzen. Jedes Kind, das mit seinen Fähigkeiten und Eigenarten weit vom Durchschnitt entfernt ist, wird nicht das bekommen, was es braucht, wenn es nach den Maßstäben des Durchschnitts behandelt wird. Ganz gleich, ob es besonders leistungsschwach, hochbegabt, schwerhörig, weitsichtig, groß oder klein ist, ob es einer ethnischen Randgruppe angehört oder krank ist.
Eine Durchschnittsbehandlung kann die Kinder und letztlich auch uns teuer zu stehen kommen.

Orientierung: „Wer bin ich?"

Hochbegabte Kinder spüren meist, dass sie in einer bestimmten Weise anders sind als ihre Freunde und Mitschüler. Diese Andersartigkeit können sie aber nicht ohne weiteres genau einschätzen. Erwachsene sehen oft nicht, dass intellektuell hochbegabte Kinder erst einmal verwirrt sind, wenn sie nur mit Kindern zusammen sind, die nicht auf dem gleichen Niveau denken und arbeiten. So manches Auftreten von Kindern, die sich in einem Klärungspro-

Kinder müssen ihre Stärken einschätzen lernen, damit sie sie nutzen können und damit sie Achtung vor den Schwächen und Stärken anderer bekommen.

zess über ihre eigene Begabung befinden, wird vorschnell als Überheblichkeit eingestuft. Helfen Sie Ihrem Kind, seine Situation richtig einzuschätzen, helfen Sie ihm aber auch, die Situation anderer zu verstehen. Erwachsene freuen sich in der Regel, wenn sich kleine Außenseiter anpassen und kein Aufsehen erregen. Dabei ignorieren sie, wie viel Energie es kostet, so zu sein wie andere, und sehen nicht, dass die Überanpassung zu einem gestörten Selbstwertgefühl und damit zu einem gestörten Selbstbild führen kann. Eine Spirale von Überschätzung oder Unterschätzung, von Verachtung und Selbstverachtung ist die Folge. Ermöglichen Sie es Ihrem Kind, seine Durchschnittlichkeit vortäuschende Tarnung aufzugeben.

Kinder müssen erst lernen, dass herausragende Stärken okay sind.

Freiräume für Wissensdurst und Tatendrang

Kleine Kinder sammeln gern Steine. Während das eine seine Hosentaschen voller Freude damit stopft, kann sich dieses Sammeln bei einem besonders neugierigen Kind mit ausgeprägter Wahrnehmungsfähigkeit zu einer Leidenschaft entwickeln. Es wird nicht allein mit dem Betrachten der Steine zufrieden sein, sondern wird fragen, woher bei manchen die Einlagerungen, bei anderen der Glanz kommt und wie es zu den verschiedenen Formen, zu der unterschiedlichen Beschaffenheit kommt. Es wird immer mehr wissen wollen und immer mehr fragen. Wenn das alles in Wechselwirkung zwischen Eltern/Umfeld und Kind passiert, das heißt, wenn das Wollen und Können beider Seiten korrespondieren, dann wird niemand von den Beteiligten etwas Ungewöhnliches daran finden. So können Kinder spielend die Welt kennen lernen und das erfahren, was sie interessiert. Würde man die Fragen eines Kindes abwehren, so würde ihm etwas Entscheidendes fehlen. Dem weniger neugierigen Kind hingegen würde man die Spielfreude an den Steinen verderben, wollte man ihm beim Spiel etwas über Mineralogie erzählen.

Kinder brauchen dann Antworten und Übungsfelder, wenn sie danach fragen.

Das klingt plausibel, die Umsetzung aber ist nicht einfach. Die Energie der hochbegabten Kinder übersteigt manchmal das, was

Eltern aushalten, und irgendwann ist der Punkt erreicht, an dem das, was die Eltern bieten, nicht mehr ausreicht.

Suchen Sie rechtzeitig nach Unterstützung in Kindergruppen und Kursen. Versäumen Sie es auch nicht, dem Kind Wege zum selbstständigen Wissenserwerb zu zeigen. Bringen Sie ihm bei, wie es selbst für sich sorgen kann und wen es außer Ihnen fragen kann. Das wird ihm vor allem in der Schule gute Dienste erweisen. Lassen Sie sich auch vom Neid und Unverständnis anderer nicht beirren. Mir wurde von einem vierjährigen Kind erzählt, das beim Einkauf mit seiner Mutter im Supermarkt auffiel, weil es den Kassenbon überprüfte. Das sorgte für so viel Aufruhr, dass die Mutter ihr Kind bald nicht mehr zum Einkaufen mitnahm. Sie schämte sich und war verunsichert, denn auch sie dachte: „Kinder rechnen doch erst in der Schule!“ Kinder brauchen Antworten auf ihre Fragen und sie brauchen Menschen, die Freude daran haben, sie mit ihnen zu klären. Auf diese Weise lernen Kinder, die Welt zu begreifen. Suchen Sie zusammen mit Ihren Kindern nach Informationen, wenn Sie aus dem Stand nicht antworten können.

Tipp

Wenn ein Kind gut und mit Spaß malt, so kaufen Sie ihm viele gute Pinsel und eine Staffelei; mit einem sportlichen Kind suchen Sie nach einer entsprechenden Sportart; wenn ein Kind gern liest, so besorgen Sie ihm einen Büchereiausweis, auch wenn es erst vier ist; wenn ein Kind gern rechnet, so weisen Sie es in das Geheimnis der Zahlen ein.

Freundschaften

Freundschaften sind wichtig, weil hier auf unkomplizierte Weise ein Austausch stattfindet und das Kind täglich die für die Selbster-

Vielleicht muss die Schul- und Umwelt einfach wieder in die richtige Ordnung gerückt werden: Unsere Kinder sind nicht für die Schule da, sondern die Schule ist für die Entfaltung unserer Kinder zuständig.

Tipp

Machen Sie Ihr Kind auf die verschiedenen Angebote von Hochbegabtenvereinen aufmerksam. Hier haben Hochbegabte auch Gelegenheit, interessante gleichaltrige Partner zu finden. Internet-Tipps im Serviceteil.

kenntnis notwendigen Rückmeldungen bekommt. Eine Freundschaft gibt nicht nur Geborgenheit, sondern bietet auch viel Gelegenheit, die eigenen Kräfte zu messen. Freundschaften sind wie ein Spiegel für die Seele! Kinder brauchen Freundinnen und Freunde, mit denen sie auf ihrem Niveau kommunizieren können.
Eltern Hochbegabter klagen oft darüber, dass ihre Kinder keine Freunde oder Freundinnen haben. Wenn ich in solchen Fällen genauer nachfrage, wird meistens deutlich, dass diese Kinder sehr wohl Beziehungen haben, diese aber anders sind als normale Freundschaften unter Gleichaltrigen. Entweder sind es Kinder, die weit weg wohnen, oder es sind ältere Kinder oder sogar Erwachsene.

Angemessene Herausforderungen

Kinder wollen uns gefallen und diese Antriebsfeder wird ihnen manchmal zum Verhängnis. Sie tun nämlich das, was wir gut finden, und nicht das, was sie weiterbringt. Das Problem liegt darin, dass unsere Gesellschaft das Mittelmaß als erstrebenswert und positiv deklariert hat. Die Schule ist darauf abgestimmt und inzwischen sind wir alle mit dieser Vorstellung infiziert. Hochbegabte Kinder brauchen aber echte Herausforderungen und die liegen nicht in der Mitte des Möglichen. Nur durch das volle Ausschöpfen ihres Potenzials erfahren sie, welche Möglichkeiten in ihnen schlummern und wo ihre Grenzen liegen.

Muten Sie Ihrem Kind so viel „Arbeit“ zu, wie es braucht. Achten Sie aber darauf, dass daraus keine Zumutung wird.

Es gilt als erwiesen, dass Menschen am effektivsten arbeiten und am glücklichsten sind, wenn die zu bewältigenden Aufgaben nah an ihrer Leistungsgrenze liegen. Die starke Herausforderung bietet ihnen die Möglichkeit, sich weiterzuentwickeln, und ist gleichzeitig eine Art Anerkennung ihrer Fähigkeiten. Beim Arbeiten auf diesem Niveau kann ein Zustand eintreten, der als „Flow“ bezeichnet wird. „Das Flowerlebnis [liegt] jenseits von Angst und Langeweile“, wie der Titel des Buches von Mihaly Csikszentmihalyi sagt. „Flow“ ist eine Art Glückseligkeit, ein Zustand der Hingabe an die Aufgabe, die man zu erledigen hat. Kinder im „Flow“ scheinen in einer anderen Welt zu schweben.

Lob und Anerkennung

Hochbegabte Kinder haben in der Regel Schwierigkeiten, mit Lob umzugehen, aber sie sind, wie andere Kinder auch, auf Anerkennung angewiesen. Dies kann an einem Beispiel aus dem Schulalltag demonstriert werden, ist aber in seinem Kern auch auf das häusliche Leben übertragbar. (Sie können Lehrer durch Eltern, Tanten oder Nachbarn und Klasse durch Freunde ersetzen.)

Eine Lehrerin lobt ein Kind vor der Klasse für die klassenbeste Arbeit, das Kind ist aber außergewöhnlich begabt und hätte eigentlich noch etwas wesentlich Besseres abliefern können. Auf dieses Lob sind verschiedene Reaktionen denkbar:

- Das Kind ist verwirrt, weil es jetzt nicht mehr sicher sein kann, dass es die Arbeit auch besser hätte schreiben können.
- Es hat das Gefühl, dass dieses Lob nicht seine Person und seine Fähigkeiten meint (denn diese waren ja diesmal nicht so toll), sondern, dass das Herausstellen der besten Aufgabe womöglich die anderen beschämen sollte.
- Das Kind hält die Lehrerin für unfähig und denkt: „Na, dann muss ich mich das nächste Mal auch nicht mehr anstrengen …“
- Ein Kind kann Probleme mit der öffentlichen Auszeichnung haben, weil es fürchtet, als Streber beschimpft zu werden oder sogar aus Neid gemobbt zu werden.

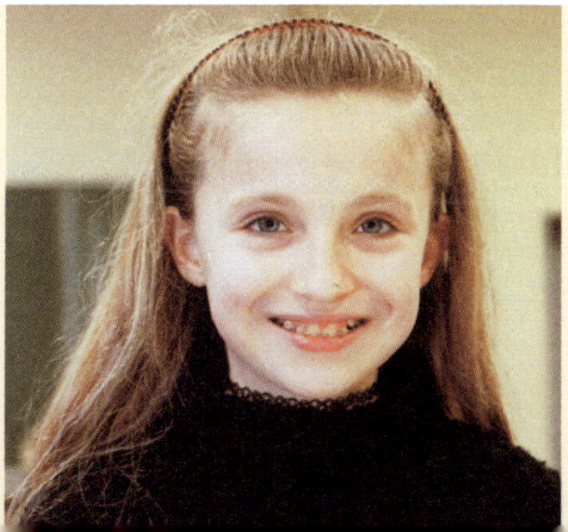

Kinder brauchen Lob und Anerkennung für die eigene Wertschätzung und für neue Energie, aber stellen Sie die Kinder nicht auf ein Podest, von dem sie nicht mehr herunter können.

Tipp

Beachten Sie nicht nur den IQ, sondern auch das Temperament, das Selbstbewusstsein, die Interessen, den Ehrgeiz und die Belastbarkeit Ihres Kindes.

Trotzdem braucht dieses Kind Lob, um zu verstehen, warum die in seinen Augen mittelmäßige Arbeit die beste ist. So lernt es, ökonomisch seine Kräfte einzusetzen und sich in seiner Umwelt zurechtzufinden. Dieses Kind braucht aber gleichzeitig auch die Rückmeldung „Ich weiß, du kannst das noch besser, und ich erwarte es auch von dir, auch wenn es keine bessere Note dafür gibt". Wenn es seine Fähigkeiten in einer Situation voll eingesetzt hat, tut es ihm gut, wenn das irgendjemand bemerkt. Ein Blick, ein Lächeln oder ein Schulterklopfen der Lehrerin, auch eine ausgiebigere Antwort auf eine seiner Fragen, auch wenn das der Rest der Klasse nicht versteht, sind Zeichen, die das Kind motivieren. Übrigens, Lob kann auch Angst auslösen, immer so hohen Ansprüchen genügen zu müssen. Dies ist zu berücksichtigen, aber es ist kein Grund, nicht zu loben. Lassen Sie das Kind möglichst oft auf seinem Niveau arbeiten und, wenn es geht auch immer wieder mit Kindern, an denen es sich messen kann.

Wo stehen wir? Ist-Analyse

Wenn Sie feststellen, dass Ihr Kind glücklich ist, sich prächtig entwickelt und das Lernen ihm Freude macht, und wenn Sie darüber hinaus beobachten, dass es in der Schule gut gefördert und geachtet wird, dann (zer-)stören Sie diese Entwicklung besser nicht, nur weil Sie vielleicht gehört haben, dass ein Kind mit einem IQ von über 130 unbedingt dieses oder jenes machen muss. Wenn Sie hingegen nicht sicher sind, ob Ihr Kind in der Entfaltung seiner Persönlichkeit und in seinem Erwerb von Wissen ausreichend gefördert wird, oder wenn Sie Versäumnisse erkennen, wenn Sie das Gefühl haben, dass etwas nicht stimmt, dann versuchen Sie, die Situation zu durchleuchten und das Problem festzustellen. Wenn Sie wissen, wo Sie stehen, gewinnen Sie Handlungsfähigkeit.

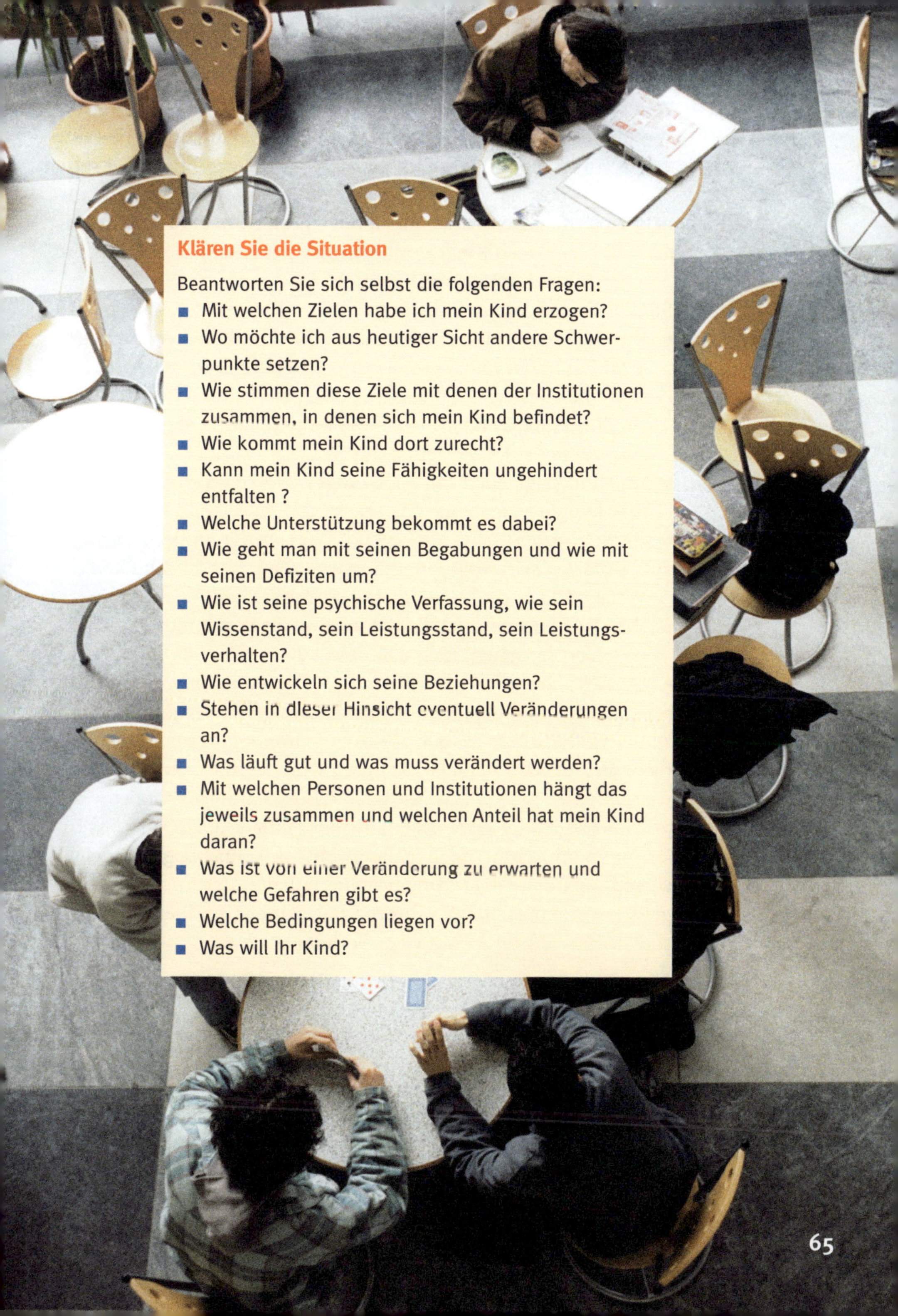

Klären Sie die Situation

Beantworten Sie sich selbst die folgenden Fragen:

- Mit welchen Zielen habe ich mein Kind erzogen?
- Wo möchte ich aus heutiger Sicht andere Schwerpunkte setzen?
- Wie stimmen diese Ziele mit denen der Institutionen zusammen, in denen sich mein Kind befindet?
- Wie kommt mein Kind dort zurecht?
- Kann mein Kind seine Fähigkeiten ungehindert entfalten ?
- Welche Unterstützung bekommt es dabei?
- Wie geht man mit seinen Begabungen und wie mit seinen Defiziten um?
- Wie ist seine psychische Verfassung, wie sein Wissenstand, sein Leistungsstand, sein Leistungsverhalten?
- Wie entwickeln sich seine Beziehungen?
- Stehen in dieser Hinsicht eventuell Veränderungen an?
- Was läuft gut und was muss verändert werden?
- Mit welchen Personen und Institutionen hängt das jeweils zusammen und welchen Anteil hat mein Kind daran?
- Was ist von einer Veränderung zu erwarten und welche Gefahren gibt es?
- Welche Bedingungen liegen vor?
- Was will Ihr Kind?

Was sagt Ihr Kind?

Wir überlegen angestrengt, was einem Kind gut tut, und vergessen dabei häufig, die Kinder selbst zu fragen. Kinder können aber sehr präzise sagen, was sie brauchen, vorausgesetzt, ihr Selbstbewusstsein ist nicht gestört. In der Regel möchten sich Kinder mitteilen, aber manchmal funktioniert die Kommunikation nicht.

Vergessen Sie nicht zu fragen, was Ihr Kind will!

Stellen Sie sich vor:

- Ihre Tochter steht am Fenster, sieht ihre Freundin Lisa zur Schule laufen und fragt: „Kann ich mit Lisa mitgehen? Ich will auch schreiben lernen."
- Ihr Sohn sagt, dass er mit seinem Freund Martin, der zwei Jahre älter ist, in die Klasse gehen möchte.
- Ihr Kind klagt jeden Tag über Langeweile, sein Lehrer aber über unerledigte Aufgaben.
- Ihr Sohn ärgert sich zunehmend über seine Freunde, die immer nur stärker sein wollen, aber nichts lernen. Irgendwann kommt er nach Hause und schreit: „Die sind ja so doof!"
- Ihre Tochter schwänzt die Schule mit der Begründung: „Da lerne ich doch sowieso nichts Neues."
- Ihr Kind klagt über seine Lehrerin: „Die hat ja keine Ahnung!"

Wie würden Sie reagieren? Kinder können Wünsche und Missstände treffend beschreiben, wenn auch in einer für uns manchmal nicht akzeptablen Sprache. Nehmen wir sie ernst oder überhören wir vor lauter Anstand die wertvollen Botschaften? Ich möchte die groben Ausdrücke nicht als ein immer gültiges diagnostisches Instrument anpreisen, oder „gelangweilt" mit „hochbegabt" gleichsetzen, aber diese Äußerungen sollten nicht unterdrückt, sondern geklärt werden. Helfen Sie Ihrem Kind, seinen Gefühlen und Wünschen angemessen Ausdruck zu verleihen.

Das können Sie tun

Was heißt also „fördern"? Fördern ist das Gegenteil von behindern. Fördern zeigt sich in einer Haltung, die mit wahrnehmen, annehmen, gönnen, begleiten und unterstützen zu tun hat. Ein Kind zu fördern heißt, sich auf seine Bedürfnisse einzulassen und nicht danach zu schauen, was normal ist. Ein Kind fördern heißt, ein ihm angemessenes Angebot bereitzustellen und das Kind herauszufordern, um seine Leistungsfähigkeit zu entwickeln und seine Wissensbasis zu vergrößern. Ein Kind fördern heißt, destruktiver Langeweile vorzubeugen. Fördern kann aber auch bedeuten, unermüdlich nach tief verborgenen Schätzen zu graben, ohne Garantie auf Erfolg. Für Sie als Eltern bedeutet fördern nicht nur, auf das Kind einzugehen, sondern auch, sich um ein passendes Angebot an der Schule oder im Kindergarten zu kümmern.

Förderung und Akzeptanz durch Lehrer und Lehrerinnen können ein entscheidender Einfluss sein.

Im Vorschulalter

Hochbegabte Kinder lernen im Vorschulalter faszinierend leicht und viel, und die Interessen sind meist sehr weit gestreut. Wenn Sie ein Hobby haben, beziehen Sie Ihr Kind ruhig ein. Sie werden kaum Gefahr laufen, als Experte für Ihr Hobby keine Antworten auf die Fragen Ihres Kindes geben zu können. Wenn Sie die Gelegenheit haben, Ihr Kind ab und zu mit anderen hochbegabten Kindern und deren Eltern in Kontakt zu bringen, öffnen Sie den Horizont für neue Themen und Interessen. Und Ihr Kind wird merken, dass es kein Außenseiter oder keine Außenseiterin ist. Spätestens in einem solchen Umfeld ist es normal, „unnormal“ zu sein. Vielleicht gibt es dabei auch Kinder, die gemeinsam in einen Kindergarten gehen können. Ansonsten ist es günstig, bei der Wahl des Kindergartens (sofern Sie sie haben) darauf zu achten, dass hier mit altersgemischten Gruppen gearbeitet wird. Hochbegabte Kinder haben gegenüber Altersgleichen meist einen sehr großen Entwicklungsvorsprung und es kann sein, dass sie beim Spielen mit älteren Kindern besser zurechtkommen und sich an ihnen orientieren. Gibt es in der Einrichtung nur altershomogene Gruppen, dann überlegen Sie mit den Erzieherinnen, ob es für Ihr Kind besser sein könnte, bei den größeren

Der Kontakt zu anderen Hochbegabten ist sehr wichtig.

Tipp

In jahrgangsgemischten Gruppen im Kindergarten oder in der Schule kommt es viel seltener zu Konflikten, da hochbegabte Kinder den Älteren geistig gewachsen sind und in ihnen ein Gegenüber finden, mit dem sie sich adäquat auseinander setzen können.

zu sein. Am einfachsten wäre es, das Kind einmal in beide Gruppen hineinschnuppern zu lassen, um zu sehen, wo es sich wohler fühlt.
Eltern von Kindergartenkindern fragen mich oft, ob Sie Ihrem Kind erlauben dürfen zu schreiben und ob ein Kind in dem Alter nicht lieber malen sollte. Natürlich sollte ein Kind auch malen, es müssen aber nicht immer Sonnen sein, es dürfen auch „Os" sein, wenn diese dem Kind eher behagen. Malen hat mindestens zwei Funktionen: Es weckt das ästhetische Empfinden und schult die Motorik. Das tut das Schreiben auch. Eine Beziehung zu Farben kann man auch durch Spiele mit bunten Tüchern oder gefärbtem buntem Wasser bekommen. Vielleicht würde sich das Kind auch darauf einlassen, zwischendurch mit einem großen Pinsel Buchstaben zu zaubern. Wenn ein Kind lieber liest als schneidet, wird es vielleicht aber gern mit Buchstaben und Schere spielen, indem es zum Beispiel für ein Detektivspiel einen „Erpresserbrief" aus Zeitungsbuchstaben zusammenklebt.

Ältere Kinder sind meist die liebsten Spielgefährten der Hochbegabten.

Bereiche des täglichen Lebens sind für ein Kind wichtig, aber nicht alle sind gleichhermaßen interessant. Meistens gibt es irgendeine Verbindung, die man nutzen kann.

Einschulung

Wenn die Schulzeit naht, stellt sich vielen Familien die Frage, welche Schule und welcher Termin in Frage kommen. Wann ist der richtige Zeitpunkt für die Einschulung? Der Stichtag ist in Deutschland in der Regel der 30. Juni. Das heißt, Kinder, die bis zu diesem Zeitpunkt sechs Jahre alt geworden sind, werden eingeschult. Darüber hinaus gibt es die Kann-Kinder-Regelung oder eine Einschulung auf Antrag:

NRW sieht als einziges Bundesland kein Einschulungs-Mindestalter vor.

An diesem Stichtag beginnt die Schulpflicht

	Stichtag*	Kann-Kind*	Auf Antrag*
Baden-Württemberg	30. 6.	30. 9.	31. 12.
Bayern	30. 6.	30. 9.	30. 6. des Folgejahres
Berlin	30. 6.	–	31. 12.
Brandenburg	30. 6.	–	31. 12.
Bremen	30. 6.	31. 12.	jüngere Kinder in Ausnahmefällen
Hamburg	30. 6.	–	jüngere Kinder
Hessen	30. 6.	–	31. 12.
Mecklenburg-Vorpommern	30. 6.	–	31. 12.
Niedersachsen	30. 9.	–	jüngere Kinder
Nordrhein-Westfalen	30. 6.	–	–
Rheinland-Pfalz	30. 6.	31. 12.	jüngere Kinder
Saarland	30. 6.	–	jüngere Kinder
Sachsen	30. 6.	31. 12.	–
Sachsen-Anhalt	30. 6.	–	Kinder, die am 30. 6. fünf Jahre alt werden
Schleswig-Holstein	30. 6.	–	jüngere Kinder
Thüringen	30. 6.	31. 12.	–

* An diesem Datum muss das Kind sechs Jahre alt sein.

Ob ein hochbegabtes Kind wesentlich früher eingeschult werden sollte, hängt von seiner Situation ab. Was sagt die Ist-Analyse (Seite 65)? Ist Ihr Kind seit einem Jahr in einer gemischten Gruppe meist mit zwei Kindern zusammen, die eingeschult werden, kann es die richtige Entscheidung sein, es mit den beiden „Schulkindern“ einzuschulen, selbst wenn es wesentlich jünger ist. Sprechen Sie das mit allen Beteiligten durch. Beachtet werden sollte auch die schulische Situation, die auf das Kind zukommt, aber mit zwei

Es gibt inzwischen viele Möglichkeiten, ein Kind besonders zu fördern. Adressen finden Sie im Serviceteil.

Freunden oder Freundinnen an der Seite dürfte der Start kein Problem sein.

Das Bildungssystem in Deutschland bietet inzwischen die vielfältigsten Fördervarianten an, die von ihrer Konzeption her für die Förderung hochbegabter Schülerinnen und Schüler gut geeignet sind oder inzwischen sogar speziell für sie entwickelt wurden. Zu den Schulen mit besonderer Schwerpunktsetzung, die für Schülerinnen und Schüler mit entsprechenden Domain-Begabungen (Spezialbegabungen) gestaltet wurden, gehören:

- Gymnasien mit mathematisch-naturwissenschaftlichem Schwerpunkt,
- Schulen mit sprachlichem Schwerpunkt,
- bilinguale Schulen,
- sprachlich vertiefte Gymnasien,
- Europaschulen,
- internationale Schulen,
- Zweige mit sozialwissenschaftlichem Schwerpunkt,
- musikbetonte Grundschulen und Gymnasien,
- Schulen mit dem Schwerpunkt auf einer künstlerischen Ausbildung,
- sportbetonte Schulen,
- Kreativitätsschulen,
- Erfindergymnasium,
- einmalig in Deutschland ist die staatliche Ballettschule und Schule für Artistik in Berlin.

Unterschiede sind eine Bereicherung.

Inzwischen gibt es eine Reihe von Schulen und Klassen für Hochbegabte, die Kinder mit einer allgemeinen Hochbegabung (mehrfach Hochbegabte) in besonderer Weise fördern. Stellvertretend seien hier die folgenden genannt:

- Spezialklasse des CJD (Christliches Jugenddorfwerk Deutschland) in Braunschweig (die älteste Hochbegabtenklasse),
- Spezialschule: die erste staatliche Schule für (mehrfach) Hochbegabte: das sächsische Landesgymnasium Sankt Afra in Meißen.

Hinzu kommen viele integrative Förderprojekte für Hochbegabte, zum Beispiel:

- Integrative Hochbegabtenklassen des CJD
- Schnellläuferklassen (G8, D-Zug, BEGYS – Begabtenförderung am Gymnasium mit Verkürzung der Schulzeit in Rheinland-Pfalz), die schon nach 12 Jahren zum Abitur führen
- Impulsschulen (Grundschulen), die an einem Projekt der Karg-Stiftung teilnehmen

Dazwischen gibt es noch eine Menge Schulen und Modelle, die als „hochbegabten-geeignet" gelten (Adressen und Links im Serviceteil). Dazu gehören sicher die von Jesuiten geleiteten Schulen, die wegen Latein als erster Fremdsprache hauptsächlich motivierte und begabte Kinder anziehen und ein entsprechend hohes Niveau haben. Ähnliches gilt für Schulen wie die Landesschule Pforta und andere Internatsschulen. Zu Schulen, die für Hochbegabte geeignet sein können, zähle ich auch Einrichtungen, die auf die reformpädagogische Bewegung zurückgehen, zum Beispiel Montessori oder Peter-Petersen (Jenaplan). Aber auch Schulen mit jahrgangsübergreifendem Unterricht (JÜL), sowie Schulen, die ernsthaft differenzierten Unterricht durchführen, und nicht zuletzt Schulen, die sich der Integration Behinderter widmen, sind letztlich für die ganze Bandbreite der Bedürfnisse gedacht. An diesen Schulen gibt es pädagogische Konzepte, die eine besondere Förderung Hochbegabter explizit mit einbeziehen oder zumindest genügend Raum dafür bieten. Nehmen wir als Beispiel eine Schule, die Integrationsklassen für behinderte Kinder anbietet. In diesen Klassen ist das Lernen im eigenen Lerntempo eine Selbstverständlichkeit und Andersartigkeit normal. Ob ein hochbegabtes Kind hier angemessen gefördert wird, hängt von der Einstellung der Lehrer und von den Eigenarten des Kindes ab. Es ist also eine Frage der individuellen Passung.

Schulische Förderung umfasst aber auch Maßnahmen, die vom Profil der Schule unabhängig sind.

Dazu gehören:

- vorzeitige (entwicklungsgerechte) Einschulung,
- Springen, gegebenenfalls in Gruppen,

Es gibt Schulen ▶ mit besonderen Schwerpunkten.

- Teilnahme am Unterricht höherer Klassen in ausgewählten Fächern,
- Vorbereitung/Ermutigung zur Teilnahme an Wettbewerben,
- Maßnahmen, die sich aus einer Kooperation mit außerschulischen Einrichtungen ergeben, für die besonders begabte Kinder ausgewählt und unter Umständen vom regulären Unterricht befreit werden (zum Beispiel Studientage an der Fachhochschule, Veranstaltungen im Schülerforschungszentrum Bad Saulgau)
- Unterricht mit Hochschuldozenten und -dozentinnen,
- ein Angebot an Arbeitsgemeinschaften (Jahrgangs-übergreifend/Schul-übergreifend) oder Hochbegabten-Gruppen, die ähnlich wie die AGs arbeiten, außerdem „Pluskurse“,
- Teilnahme an Programmen wie SEM (siehe Seite 76).

Manche dieser Maßnahmen sind individuell auf den Schüler oder die Schülerin zugeschnitten, andere beziehen eine bestimmte Gruppe in ein Förderprogramm mit ein. Weiterhin kann man Förderung nach integrativen Modellen oder als reine Maßnahme für Hochbegabte unterscheiden.

Hochbegabte sind nicht selten Außenseiter und Opfer von Mobbing.

Sämtliche Fördermaßnahmen lassen sich, bezogen auf die bearbeiteten Inhalte, ganz grob als Maßnahmen beschreiben, die entweder einen schnelleren Durchgang durch den vorgesehenen Schulstoff zum Ziel haben

(Akzeleration) oder eine Anreicherung bzw. Erweiterung oder Vertiefung des Wissens und der Kompetenzen anstreben (Enrichment) oder auch eine Kombination von beidem beinhalten.

Tipp

Mit Spezialklassen und Spezialschulen erweitert man die Differenzierung, die das dreigliedrige Schulsystem anbietet. Man verfolgt die Idee, dass „helle Köpfe“ sich hier gegenseitig inspirieren und in eine beflügelnde Konkurrenz zueinander treten. So bekommen Hochbegabte eine reelle Chance, ihr Potenzial auszuschöpfen. TIPP: Schrecken Sie nicht vor einer speziellen Schule für Hochbegabte zurück. Wenn Gleichgesinnte zusammen unterrichtet werden, ist die Gefahr einer permanenten Unterforderung stark gemindert.

Integration oder Selektion

Integrative Einrichtungen bilden die Gesellschaft in ihrer Vielfalt ab. Sie sind Orte, an denen Kinder nicht nur wissenschaftlich gebildet werden, sondern auch grundlegende Erfahrungen machen können. Integration bedeutet, dass wir als Menschen lernen müssen, uns aufeinander einzustellen. Die Gemeinschaft muss es jedem Kind erlauben und ermöglichen, seine Fähigkeiten zu entfalten. Unterricht ist nicht Vermittlung toten Wissens an ein Norm-Kind, sondern er soll „aus Erfahrung lernen“ ermöglichen. Differenzierter Wissenserwerb sowie ein hohes Maß an Selbstständigkeit und Verantwortlichkeit tragen dieses Konzept. Einrichtungen, die mir sofort einfallen, sind die Bielefelder Laborschule, die Schule Kassel-Waldau, die Versuchsschule Kassel und viele mehr. Ein Teil dieser Schulen ist an einem Projekt der Bertelsmann-Stiftung beteiligt. Die Karg-Stiftung entwickelte ein Projekt der integrativen Förderung unter dem Namen „Impulsschulen“.

Leider sind manche Einrichtungen, die für das Integrationsprinzip stehen, einfach nur ein Ort, an dem nicht ein Miteinander, sondern ein Nebeneinander praktiziert wird. Eine Schule, wie ansprechend ihr Konzept auch sein mag, kann nur dann ein Kind integrieren, wenn das Kind dort Ansprechpartner findet, mit denen es sich über sein Denken und Handeln austauschen kann, und wenn es dort genügend angemessene, sinnvolle Aufgaben vorfindet.

Welchen Sinn hat Selektion?

Ich habe mit einigen Jugendlichen gesprochen, die den Weg zu so einer Schule nach langen Irrwegen gefunden haben. Einige davon haben über Mobbing und Einsamkeit an ihren Herkunftsschulen berichtet. Sie waren sehr glücklich, endlich einen Platz gefunden zu haben, an dem sie „sie selbst sein dürfen".

Das hohe Niveau zwingt jedes Kind, (endlich) an seinen Lerntechniken zu arbeiten.

Eine Spezialklasse kann einem Kind unter Umständen die Chance bieten, aus einer Außenseiterposition oder aus der Einsamkeit in eine Gemeinschaft zu treten. Hochbegabte geraten darüber hinaus oft in die Gefahr, sich zu langweilen. Kinder und Jugendliche, die kaum Gelegenheit haben, sich anzustrengen, bekommen in diesen speziellen Fördereinrichtungen oft endlich die Gelegenheit, zu lernen, was lernen heißt.

Für Jugendliche, für die Lernen Spaß bedeutet, heißt das, dass sie auf einer Schule, die für andere Stress und Qual bedeuten würde, für sich entspannte Lernbedingungen vorfinden. Sie müssen sich ihres Lerneifers nicht schämen, weil sie genug Mitstreiterinnen und Mitstreiter um sich herum haben, mit denen sie ihre Diskussionskultur entwickeln können und von denen selbst sie noch etwas lernen können, denen sie aber auch etwas von sich geben können. Die Auseinandersetzung mit Gleichaltrigen und vergleichbar befähigten Jugendlichen scheint ein wichtiges Element bei dem Prozess der Selbstfindung zu sein.

Akzeleration

Mit Akzeleration werden Maßnahmen der Beschleunigung bezeichnet. Hierzu gehören alle Arten von Schnellläuferklassen, die nach 12 Jahren zum Abitur führen. Jahrgangsgemischte Klassen ermöglichen ein individuell beschleunigtes Durchlaufen der Klassenstufen. Auch das individuelle Springen oder das Gruppenspringen (mehrerer leistungsfähiger Schülerinnen und Schüler, die fortan zusätzliche Förderstunden erhalten) gehören dazu. Diese Fördermaßnahmen sind für Kinder und Jugendliche geeignet, die sich durch ein hohes Lerntempo auszeichnen. Bei sehr schnellen Schülerinnen und Schülern kann das Problem auftreten, dass sie vor Ablauf der Schulpflicht die Schule beendet haben könnten. Die vorzeitige Einschulung ist keine Akzeleration, führt aber ebenfalls zu einem früheren Abschluss und wird als Fördermaßnahme angesehen. Beide Maßnahmen können als Präventivmaßnahmen gegen Langeweile angesehen werden und tragen damit zu einem verantwortlichen Umgang mit Lebenszeit bei. Andererseits funktionalisieren sie in einem gewissen Sinne die Schule.

Enrichment

Als Enrichment wird die Erweiterung des Lehrstoffes bezeichnet. Gemeint sind also Zusatzangebote, wie sie bei einer so genannten Binnendifferenzierung üblich sind, aber auch die Teilnahme an zusätzlichen Leistungskursen oder Wahlfächern. Es kann sich um eine Vorbereitung auf einen Wettbewerb, die Teilnahme an Arbeitsgemeinschaften oder zusätzliche Projektarbeit (zum Beispiel eine Schulzeitung) handeln. Inzwischen nehmen auch immer mehr Schülerinnen und Schüler an Hochschulveranstaltungen teil. Erkundigen Sie sich gegebenenfalls in einer nahe gelegenen Universität, ob es auch dort Möglichkeiten gibt und welche Regeln dabei gelten. Sind es reine Schülerinnen- und Schüler-Seminare oder gibt es eine Teilnahmemöglichkeit an regulären Veranstaltungen?

Enrichment kann auch außerhalb der Schule stattfinden. Zum einen können Eltern selbst ein anregendes Freizeitangebot entwickeln. Zum anderen gibt es zahlreiche Organisationen, Institutionen, Verbände etc die Veranstaltungen anbieten. Beispiele sind:

- Sprachferien,
- Schüleraustauschprogramme,
- Kursangebote von Hochbegabtenvereinigungen,
- VHS-Kurse: zum Beispiel in Sprachen, Maschinenschreiben, für Hobbys,
- Musik-, Sport-, Kunst-Angebote,
- Internet für Kids, Projekte virtueller Schulen,
- Lernsoftware, Edutainment,
- Legotechnik, naturwissenschaftliche Experimentierkästen,

Viele Gymnasien bieten inzwischen Zusatzangebote für Hochbegabte.

- Programmieren, zum Beispiel in Logo oder C (je nach Alter),
- Wettbewerbe.

Weitere Hinweise finden Sie im Serviceteil.

Das Schulische Enrichment Modell – SEM

SEM ist das von Joseph Renzulli und Sally Reis (Universität Connecticut) konzipierte schulische Enrichment-Modell, das sich in jeder Schule schrittweise und behutsam einführen lässt. Es ist das in den USA gegenwärtig bekannteste und am weitesten verbreitete Fördermodell, das inzwischen auch in der Schweiz, Japan und China Verbreitung findet. Es ist ein Fördermodell für alle Stufen, vom Kindergarten bis zum Gymnasium. Das SEM bietet Strategien zur Motivation, zur Stärkung der Lust am Lernen und zu der damit zusammenhängenden Verbesserung von Motivation. In diesem Modell steht allen Kindern eine breite Auswahl an Enrichment-Angeboten zur Verfügung. Jedes Kind hat grundsätzlich die Chance, aktiv zu werden, und daraus ergeben sich Folgeaktivitäten. SEM ist somit ein integratives Modell zur Begabungsförderung. Im SEM wird das Portfolio eingesetzt, eine differenzierte Dokumentation von Leistungen und Informationen, die über das Potenzial eines Kindes Auskunft gibt und Grundlage kontinuierlicher Förderung ist.

Hilfslehrkraft

Eine sehr umstrittene Form, schnelle hochbegabte Schüler und Schülerinnen zu beschäftigen, ist der Auftrag, schwächere und langsamere Kinder zu betreuen. Das ist ein so genannter Hilfslehrerjob. Eltern protestieren mit Recht, wenn das die einzige Form von Förderung sein sollte und ihr Kind sich dieser Aufgabe zudem nicht gewachsen fühlt. Nicht alle hochbegabten Kinder können sich in die Denkstrukturen von Mitschülerinnen und Mitschülern hineindenken. Wenn die Lehrerin den

> **Tipp**
>
> Als Hilfslehrer zu fungieren kann eine gute Möglichkeit sein, zu üben und seine Präsentationskompetenz zu verbessern.

Zeitvorteil, den sie durch den Einsatz der oder des Hochbegabten gewonnen hat, zu deren/seinen Gunsten einsetzt, ist dagegen nicht viel einzuwenden, außer vielleicht, dass das hochbegabte Kind in seine Arbeit vielleicht eine Einweisung braucht, damit die Aktion nicht nur zum Zeitvertreib, sondern Gewinn bringend für die Beteiligten verläuft. Nachhilfe unter Schülern und Schülerinnen ist in der Regel eine wunderbare Gelegenheit für die Helfenden, zu prüfen, ob sie alles verstanden haben.

Springen

Das Überspringen einer oder auch mehrerer Klassenstufen wird von den Betroffenen meist als sehr hilfreich erlebt. In einigen Bundesländern gibt es konkrete Bestimmungen in Bezug auf den möglichen Zeitpunkt, die Häufigkeit und darüber, wie so etwas zu entscheiden ist. Eventuell enthält das Gesetz an einer anderen Stelle die Klausel „aus pädagogischen Gründen", die allen mutigen Schulleitern und Schulleiterinnen die Freiheit der Entscheidung gibt. In der Regel können Einzelfallentscheidungen ganz unkompliziert getroffen werden. Die ortsansässigen Selbsthilfegruppen sind hierüber sicher informiert.

Das Springen ist keine Belohnung, sondern eine Motivationsspritze.

Damit das Springen gelingt, sind einige Bedingungen zu beachten:

- Das Springen sollte so unspektakulär wie möglich verlaufen, um Druck zu vermeiden.
- Es sollte einen konkreten Grund für das Springen geben, zum Beispiel: „Das Potenzial des Kindes wird in seiner Stufe nicht genügend gefordert."
- Die Idee sollte möglichst bald in die Tat umgesetzt werden, langes Warten bringt nur Unsicherheit (vor allem beim Kind).

Hochbegabten Kindern scheint sehr lange vieles zuzufliegen, deshalb entwickeln sie oft keine Arbeitsstrategien. So können Unzufriedenheit, Wissensdefizite und Misserfolge auch bei Hochbegabten vorkommen.

- Intelligenz und Leistungsmotivation sollten entsprechen hoch sein. (Der IQ kann die Argumentation erleichtern, ist aber allein wenig aussagekräftig).
- Es hat sich bewährt, das Kind vor einer endgültigen Entscheidung als Gast in eine höhere Klasse zu schicken. Dies sollte eine Art Probezeit ohne Prüfungscharakter sein. Kinder haben dann eine gute Grundlage, mit zu entscheiden
- Bei Unsicherheit sollte eine schulpsychologische Beratungsstelle zu Rate gezogen werden. Erkundigen Sie sich vorher, ob Springen an dieser Stelle grundsätzlich befürwortet wird.

Wichtig ist zu wissen, dass Springen nicht nur für Kinder gedacht ist, deren Leistungen hervorragend sind. Es kann durchaus auch als eine motivierende Maßnahme angesehen werden, als ein Programm gegen Langeweile.

Wenn Hochbegabung übersehen wird

Gegen das Vorurteil „Hochbegabung setzt sich durch“, das die Notwendigkeit von besonderer Förderung abstreitet oder zumindest zur Passivität verleitet, sprechen viele Beispiele. Vielleicht fällt es Eltern auch leichter, Veränderungen einzuleiten, wenn sie die möglichen Folgen kennen.

Nicht geförderte, in ihren Fähigkeiten nicht herausgeforderte Kinder haben nicht nur irgendwann unnötige Wissensdefizite, sondern entwickeln auch keine Lerntechniken (wodurch auch, wenn sie kaum wirklich lernen). Mit der Zeit sind sie mit diesem Zustand unzufrieden, unter Umständen provozieren sie einen Kreislauf an Misserfolgen. Sie können eine panische, wenn auch oft unbegründete Angst vor der Schule entwickeln. Manche entziehen sich der Schule, indem sie schwänzen oder „wegträumen“.

So mancher Schulaussteiger ist ein nicht erkannter Hochbegabter.

Manche unbeachtete Kinder fordern durch ein aufdringliches und unangenehmes Auftreten die Aufmerksamkeit ihrer Umgebung förmlich heraus, während sich andere still zurückziehen und verkriechen. Befriedigt man die urmenschlichen Bedürfnisse der Kinder nicht, so können auch vielfältige andere Störungen auftreten: psychosomatische Krankheiten (von Bauchschmerzen über Angstzustände bis zu Essstörungen), Drogenabhängigkeit und andere Süchte. Selbst manche Formen von Straffälligkeit und Suizidgefährdung können damit zusammenhängen, dass das Kind nicht gelernt hat, mit seinen herausragenden Begabungen sinnvoll umzugehen. All diese Symptome sind ein Zeichen von Belastung, die wiederum auch das Umfeld des Hochbegabten belasten. Vieles davon ist vermeidbar, man diese Kinder rechtzeitig wahrnimmt und früh genug in ihrer gesamten Entwicklung fördert.

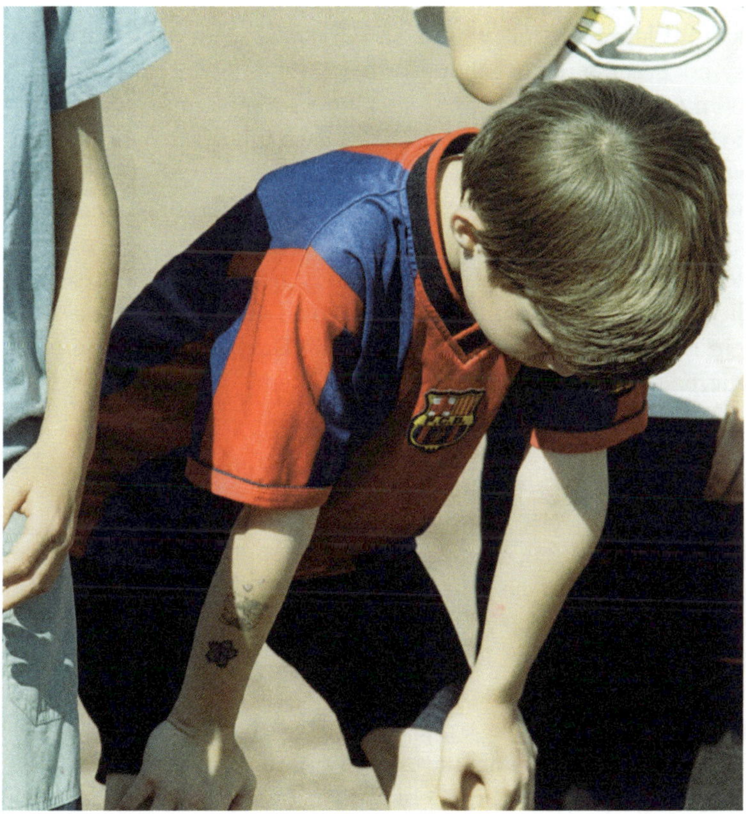

◀ Unterdrücken Sie die besonderen Interessen Ihres Kindes nicht.

Hochbegabte in der Gesellschaft

Eine Bekannte zeigte mir das Gutachten ihres Sohnes, das vor zirka fünf Jahren erstellt wurde, als der damalige Erstklässler wegen seiner besonderen Begabung auffiel. Damals durfte er springen. In dem Gespräch ging es um eine aktuelle Problemsituation in der Schule. Die Mutter klagte darüber, dass ihr Sohn sich nicht anstrengen würde und inzwischen nur noch schlechte Noten bekäme. Da ich diesen Jungen, sein enormes Allgemeinwissen, seine ausgeprägten Interessen und zudem das Gutachten über ihn kannte, sagte ich zu der Mutter: „Ihr Sohn ist hochbegabt. Wahrscheinlich schaltet er vor Langeweile einfach ab .... Wissen Sie, dass nur ein Prozent der Menschen so klug ist?“ Daraufhin sagte sie resignierend: „Warum kann er nicht normal sein?“

Im neuesten Jahrbuch des Institutes für Demoskopie in Allensbach liest man, dass sehr viele Menschen in Deutschland meinen, wir würden eine Elite brauchen, aber nur sehr wenige davon ausgehen, dass man diese auch fördern müsse.

Der falsche Fokus

Es ist so, dass diese Bekannte und all die Eltern, denen es ähnlich geht, wirklich ein weniger intelligentes, angepassteres Kind vorziehen würden. Obwohl dies eine geringere Belastung bedeuten würde. Das Problem liegt jedoch nicht bei den hochbegabten Kindern, sondern an der Unfähigkeit des Umfelds, mit diesen Kindern auf angemessene Weise umzugehen. In der Frage „Warum kann mein Kind nicht normal sein?“ muss das

Objekt ausgetauscht werden. Es muss heißen: „Warum kann Hochbegabung nicht normal sein?“ Wir haben längst erkannt, welche Bereicherung in der Vielfalt steckt. Diese Einsicht müssen wir auf Hochbegabung ausweiten. Dann erkennen wir auch, was Marx mit seiner Aussage meinte: „Hochbegabte sind ein Geschenk der Natur an die Menschheit.“ Wir müssen nur lernen, mit der Vielfalt umzugehen und auch Hochbegabten eine Chance geben.

Viele Schwierigkeiten Hochbegabter fallen erst mit dem Kontakt zum Kindergarten und vor allem zur Schule auf.

Chancengleichheit als Hindernis

„Die Menschen sind frei und in ihren Rechten gleich geboren.“ Dieser Satz stammt aus der Menschen- und Bürgerrechtsbewegung und geht auf das Gleichheitspostulat der Aufklärung zurück. Friedrich Schleiermacher, der große deutsche Theologe, Philosoph und Pädagoge, greift dies auf und formuliert daraus ein Handlungsprinzip der Erziehung:
„Der beim Eintritt jeder Erziehung schon entwickelten Differenz soll entgegenwirkt werden“. Dadurch soll, wie Schleiermacher es nennt, das aristokratische Prinzip durch das demokratische abgelöst werden. Aus der Sicht auf die Geschichte ist dies ein konsequenter Schritt auf dem Weg zur Freiheit der Unterdrückten. Dieses Ideal gewinnt in der Nachkriegszeit wieder an Bedeutung und wird zum Prinzip der Pädagogik der sechziger Jahre (Einführung von Gesamtschulen). Die Hoffnung auf Gerechtigkeit bleibt jedoch unerfüllt. Der Gedanke der Gleichheit wird nun von zwei Standpunkten aus weiterverfolgt. Auf der einen Seite wird Gleichheit bei den Zugangschancen gefordert und auf der anderen Seite auf Gleichheit als Ergebnis hingearbeitet.

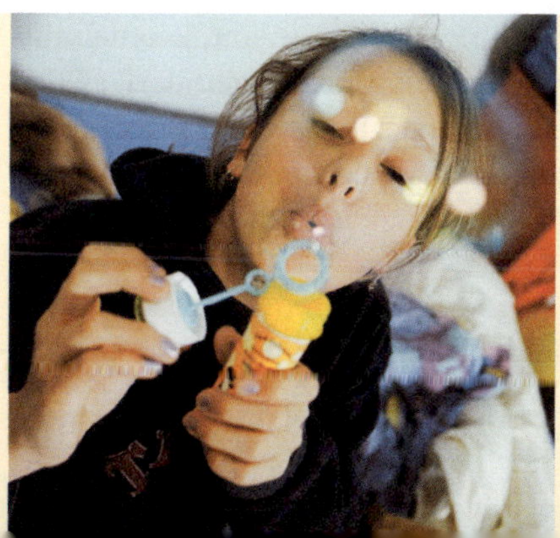

Das Problem sind nicht die Hochbegabten, sondern unsere auf das Mittelmaß ausgerichtete Gesellschaft. Wir müssen die Vielfalt als normal zulassen. Heterogenität ist normal!

Tipp

In einem Staat, in dem nur über Schwächen gesprochen wird, ist es schwer, Stärken zu erkennen, zu pflegen und zu entwickeln. Wir sollten lernen, über unsere Stärken zu sprechen und sie zu zeigen, damit sie uns bewusst werden und andere darauf zurückgreifen können. Verborgene Talente nutzen niemandem!

Die Chancen der bisher strukturell benachteiligen Schülerinnen und Schüler wurden durch diese Bemühungen stark vergrößert.
Erst die Entwicklung der letzten Jahre ermöglichte eine neue Interpretation der längst formulierten Rechte. Das Grundgesetz bildet die Grundlage auch für Hochbegabtenförderung.

Defizite gehen vor Stärken

Die edle Idee, Benachteiligten eine Chance zu geben, hat den Blick auf Schwächen geschärft. Das Erkennen von Stärken und damit auch von Hochbegabten ist dabei in den Hintergrund getreten und erschwert eine Förderung. Der verstärkte Blick auf Defizite, gekoppelt an das Ideal, sich nicht in den Vordergrund zu drängen, hat nachhaltig gewirkt. Wir alle können uns davon nicht freisprechen. Beobachten Sie in der nächsten geselligen Runde, was Menschen von sich erzählen. Ihnen wird auffallen, dass wir viel unbefangener von unseren Schwächen erzählen als von Dingen, die uns gelungen sind. Fast jede positive Selbstdarstellung wird sofort entschuldigt.

In der Mathematik kann man sehr schnell lernen, wie wichtig eine ordentliche Schrift ist. An spannenden Aufgaben lernt sich Schreiben also vielleicht einfacher als im Diktat.

Ist ein Kind in einem Bereich besonders weit, in einem anderen aber normal entwickelt, setzt auch schon unser defizitorientiertes Denken ein. Viele Eltern bringen immer wieder die gleiche Klage vor: „Die Lehrerin meines Sohnes meint, er müsse erst schön schreiben lernen, ehe er Sonderaufgaben in Mathematik bekommt.“ Oder: „Die Lehrerin meiner Tochter meint, Leonie müsste sozial aufgeschlossener werden, ehe sie springen darf“. Oder: „Die Erzieherin sagt, Thomas muss erst ruhig sitzen lernen, ehe er zur Schule darf“. Oder: „Der Rektor hat gesagt, Katharina wäre so verträumt, dass das mit dem Zusatzunterricht nichts wird“. Nicht selten handeln auch Eltern ähnlich. Zu bedenken ist aber, dass dies eine wenig hilfreiche Haltung ist, die dem Selbstbewusstsein der betroffenen Kinder sicher nicht gut tut. Die Feststellung „Kinder lernen Sozialverhalten am besten unter Kindern" müsste vielleicht erweitert werden um den Zusatz „... unter Kindern, mit denen sie sich gleichberechtigt auseinander setzen können". Viele Beispiele zeigen, dass Kinder nach dem Springen leichter soziale Kontakte knüpfen als in der alten Klasse.

Angst vor Eliten

Die heillose Eliteideologie der Nationalsozialisten hat dazu geführt, dass ein unbefangener Umgang mit dem Begriff „Elite" und damit auch mit Hochbegabung in Deutschland bis heute unmöglich ist. Das Thema war jahrzehntelang tabuisiert, anders als zum Beispiel in Amerika oder in Frankreich, wo Eliteförderung seit jeher eine gesellschaftliche Selbstverständlichkeit ist.

Pannen im Bildungssystem

Die Stimmung der Gesellschaft wirkt natürlich auch in Institutionen. Zu welchen gravierenden Fehlern kommt es dadurch?

Das DIN-Kind und die Wirklichkeit

Das schwerwiegendste Versäumnis, das in den Einrichtungen, die sich mit Kindern beschäftigen, zum Tragen kommt, ist die ungenügende Vorbereitung der dort Beschäftigten auf die Kinder, die sie zu betreuen haben. Die Universitäten und andere Ausbildungs-

Die Signalwirkung des Begriffs „Elite" sollten wir für eine Prüfung unserer Ziele nutzen: „Was für eine Art Förderung wünschen wir uns, was soll sie wem bringen?"

stätten haben bei allem Eifer die „Kinder“ aus dem Auge verloren. Man diskutiert über Methoden, Inhalte, Ziele, Fächer, Differenzierung und Didaktik und vieles, vieles mehr, alles zum Wohle „des Kindes“ – als ob es in einer Klasse dreißig geklonte Kinder gäbe. Alles geben für ein DIN-Kind? Die Heterogenität der Kinder wird unterschlagen. Die klischeehaften Vorstellungen und Vorurteile zu Hochbegabung, mit denen ich aufgewachsen bin und die ein Allgemeingut unserer Gesellschaft zu sein scheinen, sind auch für Lehrer und Lehrerinnen oft die einzige Orientierung. Verlangen Sie also von der Lehrerin Ihres Kinds nicht, dass sie Expertin für Hochbegabung ist, sondern bauen Sie auf ihre Offenheit. Offenheit ermöglicht eine Zusammenarbeit. Oft reichen der gesunde Menschenverstand, ein paar Tipps und etwas Fantasie, um eine Situation wesentlich zu verbessern. Die DIN-Orientierung muss bedeuten: Differenzierung Ist Normal!

Systematisches, fundiertes Wissen über Hochbegabung gehört immer noch nicht zur Ausbildung der Lehrkräfte und der in der Erziehung und Beratung Tätigen.

Wie wir Kinder bewerten

Immer stärker drängt sich die Frage auf, wie unser genormtes Benotungssystem der Heterogenität noch gerecht wird. Es gibt inzwischen Bemühungen, auf den Missstand aufmerksam zu machen und Alternativen aufzuzeigen. Im Zeitalter von TIMSS und PISA und durch die davon abgeleiteten Forderungen nach Vergleichbarkeit und Evaluation (Kontrolle) werden wir womöglich wieder ein Gleichmaß ansteuern. Zurzeit werden Zusatzleistungen kaum wahrgenommen. Routineaufgaben werden, für Hochbegabte oft sehr nachteilig, extrem hoch gewertet. Deshalb möchte ich hier auf zwei Methoden aufmerksam machen, die man parallel zu Noten verwenden kann: das Portfolio (von der Idee her ähnlich einer Mappe, mit der man sich bei Kunsthochschulen bewirbt, in der also die

Tipp

Noten spiegeln oft nicht das wahre Potenzial eines Kindes wider. Hilfreiche Hintergrundinformationen zum Thema Noten finden Sie in: Monika Rebitzki, Noten: kein Grund zur Panik, Cornelsen Scriptor.

besten Arbeiten gesammelt werden) und die Lernverträge.
Nicht nur die Bewertungen auf den Zeugnissen sind zu überdenken. Leider ist der Grundsatz der skandinavischen Schulen, ein Kind nicht zu beschämen, bei uns nicht immer eine Selbstverständlichkeit und so passiert es Lehrern und Lehrerinnen oft unbewusst, dass sie ein Kind bloßstellen. In Bezug auf Hochbegabte fallen Sätze wie: „Ich dachte, du wärst hochbegabt, wieso kannst du das nicht?“ oder: „Na, alles kannst du wohl auch nicht“. Das passiert selten, aber wenn es einmal vorkommt, kann es das Kind sehr verunsichern, zudem kann es für die Mitschüler und Mitschülerinnen eine Freikarte zum Mobbing sein.

Lehrer sind auch nur Menschen und machen Fehler.

Starrheit des Systems

Das Bildungssystem ist unflexibel und reagiert unbeholfen. Längst eingeläutete Reformen werden noch Jahre brauchen, bis sie flächendeckend umgesetzt werden. Schuld ist oft nicht der fehlende Wille, sondern die Angst, etwas falsch zu machen. Diese Beobachtung verleitet mich zu der Frage, ob die Verantwortlichen in der Schule nicht zu gründlich die Sätze „Abschreiben ist sträflich!“ und „Wer fragt, ist dumm“ gelernt haben. Gute Beispiele für einen gelungenen Umgang mit Hochbegabten gibt es genug und Abschreiben und Nachmachen wäre an dieser Stelle längst angebracht!
Oft darf ein begabtes Kind für kurze Zeit am Unterricht einer höheren Klasse teilnehmen. Kommt es aber ein paar Mal zu spät, weil es sich an den Rhythmus noch nicht gewöhnt hat, wird die Teilnahme am Unterricht dieser Klasse als unpraktikabel dargestellt, ganz gleich, ob sie dem Kind gut tat oder nicht. Dabei gäbe es so

„Der Mensch hat dreierlei Wege, klug zu handeln. Erstens durch Nachdenken, das ist der edelste, zweitens durch Nachahmen, das ist der leichteste, und drittens durch Erfahrung, das ist der bitterste.“
Konfuzius

viele Ideen, um dem Zu-Spät-Kommen vorzubeugen. Man könnte einen „Schleppdienst" unter den Schülern der höheren Klasse organisieren oder einen Mentor oder eine Mentorin suchen.

Vom Recht auf Förderung

Dem Gesetz nach steht einer Hochbegabtenförderung schon seit langem nichts mehr im Wege. Die Bund-Länder-Kommission stellte 1974 eine entscheidende Weiche dafür, dass das künftige Bildungssystem der BRD „unter Berücksichtigung der gesamtgesellschaftlichen Entwicklung den Anspruch des Einzelnen auf Förderung und Entfaltung seiner Begabungen, Neigungen und Fähigkeiten erfüllt und ihn dadurch befähigt, sein persönliches, berufliches und soziales Leben selbstverantwortlich zu gestalten. Damit werden Chancengleichheit und Leistungsfähigkeit zu einander ergänzenden und bedingenden Prinzipien." Die Schulgesetze der Länder gehen zum Teil noch weiter:

> **§ 1 des ersten Abschnitts des Berliner Schulgesetzes:**
>
> „Aufgabe der Schule ist es, alle wertvollen Anlagen der Kinder und Jugendlichen zur vollen Entfaltung zu bringen ..."

Die Entwicklung zeigt jedoch, dass bei der Konkretisierung eine angemessenen Förderung von Hochbegabten in den folgenden Jahren nicht verwirklicht wurde. Die Defizitorientierung, die Abneigung gegenüber einer „Auslese der Besten" und die Erwartung von Solidarität entziehen der Forderung nach besseren Bedingungen für Hochbegabte die Grundlage. Die Sorge um diese Kinder wurde zu einem Spleen einzelner überehrgeiziger Eltern degradiert. 1978 gründete sich eine erste Initiative, die sich der Interessen begabter und talentierter Kinder annahm, die „Deutsche Gesellschaft für das hochbegabte Kind e. V.". Anstoß war der konkrete Fall eines Schulversagers, dessen aufmerksame Lehrerin erst Hilfe in England, dann bei Wissenschaftlern in Deutschland gesucht hatte. Immer

Erst seit 1978 werden Hochbegabte speziell gefördert.

mehr Eltern und eine Hand voll Lehrkräfte und Wissenschaftler kämpften von da an gemeinsam. 1980 fand an der Universität Hamburg die erste nationale Tagung zum Thema Hochbegabung statt, 1985 beherbergte die Stadt die 6. Weltkonferenz zum Thema hochbegabte und talentierte Kinder. Diese markanten Punkte stehen für die Wiederaufnahme eines lange totgeschwiegenen Themas. Die Bund-Länder-Kommission legte 2001 den Orientierungsrahmen „Begabtenförderung – ein Beitrag zur Förderung von Chancengleichheit in Schulen" vor. Vereine zur Förderung Hochbegabter mit einem immer bunteren Angebot an Samstagskursen oder Studientagen entstehen, Elternselbsthilfegruppen gründen sich, Beratungsstellen werden eingerichtet, Spezialschulen entstehen, Wettbewerbe werden immer populärer, Stiftungen ergreifen die Initiative, die Wirtschaft schaltet sich ein, Förderkonzepte werden entwickelt und Medien berichten in immer kürzeren Abständen.

In den letzten Jahren wurde Hochbegabung zum Thema von öffentlichem Interesse.

◀ Auch begabte Kinder brauchen Freiräume.

Die Situation der Eltern

„Ihre Sorgen möchte ich mal haben!“ Mit diesem Satz werden im Augenblick noch sehr viele Eltern konfrontiert, egal ob sie auf der Suche nach zusätzlichem Förderunterricht sind, die Lehrerin um Zusatzaufgaben bitten möchten, ob sie sich über zu teure Museumseintritte beklagen oder ob sie erwähnen, wie unglücklich oder einsam ihr Kind in der Schule ist. Vorurteile sind nicht selten:

- „Guck dir die mal an, sie ist ja bloß noch der Chauffeur ihrer Kinder und der Kleine muss von einem Kurs in den anderen.“
- „Die dressieren ja die Kinder richtig.“
- „Lässt sich von dem Kind auf dem Kopf rumtanzen, meiner war um die Zeit längst im Bett.“
- „Auch noch zur Musikschule, das würde mir einfallen ...“
- „Lass das Kind bloß nicht vor der Schule lesen lernen ...“
- „Klug ist er ja, aber er soll doch erst einmal ...“
- „Mach mal so weiter, sie ist ja jetzt schon eine Einzelgängerin.“

Gegen Angst, Neid, Unwissen und Vorurteile hilft nur Geduld, Information, Eigeninitiative und Zusammenarbeit.

Selbsthilfegruppen

Das Gefühl, mit seinem Kind und seinen Ideen, Beobachtungen und Empfindungen allein zu sein oder auch Unrecht zu haben, lähmt viele Eltern. „Manchmal habe ich mich gefragt, ob ich vielleicht verrückt bin“, gestehen Eltern, denen man signalisiert, dass man ihnen zuhört und ihre Sorgen versteht. „Ihre Sorgen kennen wir“ ist das, was Sie in Selbsthilfegruppen als Erstes erfahren. Fragen, mit denen Sie sich zu Hause quälen, gehören hier zum Tagesthema. Sie kommen hier außerdem an viele Informationen heran, die Sie sonst mühsam zusammensuchen müssten: Wo gibt es eine für Ihr Kind geeignete Schule, wo wird man gut beraten, welche Kurse könnten für das Kind gut sein? Wo viele Menschen zusammenkommen, wird jeder für Sie einen Teil eines großen Puzzles haben. Aber bitte beachten Sie: Vereine und Selbsthilfegruppen sind keine Dienstleistungsunternehmen oder Informationsbüros und auch keine professionellen Beratungs- oder Therapiezentren. Sie leben vom Engagement der Eltern und Interessierten, die die Not erkannt haben und etwas dagegen tun wollen. Sie leisten oft sehr wertvolle bildungspolitische Arbeit für alle Kinder – auch für die, deren Eltern keine Beratung suchen.

Auch bei Vereinen und Beratungsstellen ist es sinnvoll, deren Ansichten zur Hochbegabung zu erfragen.

Schauen Sie mal in den Spiegel!

Bei Diskussionsrunden finden sich immer wieder Erwachsene, die ohne Grund erwähnen, dass sie nicht hochbegabt sind. Natürlich hat man über Jahre versäumt, den Kindern von damals einen Spiegel vorzuhalten und zu sagen: Schau hinein, wen siehst du da, was für ein Mensch ist das? Weißt du eigentlich, wie fähig dieser Mensch ist? Nein, sie oder er weiß es nicht, oder nicht so sicher, dass sie sagen könnten: „Ich bin hochbegabt.“

Übrigens, bei der letzten Weltkonferenz des „World Council for Gifted and Talented Children“ sprach die Wissenschaftlerin Sally Reis (verheiratet mit Joseph Renzulli) an der Universität von Connecticut über ein Projekt zum Thema „erfolgreiche Frauen“. In diesem Projekt hat man festgestellt, dass hochbegabte Frauen ihre produktive Phase erst nach dem 50. Lebensjahr beginnen. An der Stelle, an der die fluide Intelligenz schon merklich zurückgegangen ist, sich dafür aber die kristallisierte, aus Erfahrung stammende, auftut.

Serviceteil

Nützliche Adressen für Deutschland

Vereine: Selbsthilfe und Förderung

Deutsche Gesellschaft für das hochbegabte Kind e.V. (DGhK)
Bundesgeschäftsstelle: 030/34 35 68 29
Erstberatung und Information:
Telefon: 07 00/23 42 28 64
www.dghk.de
Regionalstellen über die Website zu erfahren

Hochbegabtenförderung e.V. Bundesgeschäftsstelle: 0234/93 56 70
www.hbf-ev.de

Mensa Deutschland
www.germany.mensa.org/

Landesverband Hochbegabung Baden-Württemberg e.V.
www.lvh-bw.de

Kaskade e.V. (Münsterland)
www.kaskade.org/

Synapse (Kassel)
www.synapse-verein.de/

Vulkan e.V. (Weser Ems)
www.hochbegabung-vulkan.de/

Pfiffikids (Krefeld)
members.tripod.de/PfiffiKids/

Pfiffikus (Berlin)
www.pfiffikus-berlin.de

UFO- Gruppe Uelzen
www.ufo-uelzen.de

esca mentis e.V. (Münster)
www.esca-mentis.de

Verein zur schulischen Förderung hochbegabter Kinder und Jugendlicher e.V.
www.schulprojekt-hochbegabung.de

Vereine: Forschung und Förderung

Bildung und Begabung e.V.
(Deutsche SchülerAkademie, Schülerwettbewerbe, Informationsdienst zur Begabtenförderung, Tagungen ...)
Telefon: 02 28/95 91 50
www.bubev.de

ABB Arbeitskreis Begabungsforschung und Begabungsförderung e.V.
www.erz.uni-hannover.de/~urban/ww-abb.htm

William-Stern-Gesellschaft
www.rrz.uni-hamburg.de/psych-2/EP/begabung/wilstern.html

Stern Institut Begabtenförderung und Schulentwicklung
Telefon: 0228/93199821

Die Gesellschaft für Gedächtnis- und Kreativitätsförderung e.V.
www.ggk.de

Beratungsstellen

Die von den Vereinen geleistete Beratung wird inzwischen ergänzt durch das Angebot von pädagogischen und vor allem psychologischen Einrichtungen. In schulischen Angelegenheiten berät Sie der Schulpsychologische Dienst Ihres Wohnbezirkes oder eine für Fragen der Hochbegabung ausgezeichnete Stelle des Landes. Ihre Schule kann Ihnen die für Sie zuständige Stelle nennen.

www.schulberatung-muenchen.de
Ansprechpartnerin: Dr. Helga Ulbrich
Telefon: 089/38384950

BSZB Berliner Schulpsychologisches Zentrum für Begabungsförderung
Telefon: 030/20671669
Telefax: 030/20671667
www.senbjs.berlin.de/schule/schulpsychologie/zentrum_begabungsfoerderung.asp

Landesinstitut für Schule Bremen
Ansprechpartner: Dr. Uwe Wiest
Telefon: 0421/3613147
Kontakt (keine Beratung): 0421/36110559

Beratungsstelle des Landes Rheinland-Pfalz
Ansprechpartnerin: Monika Jost
Telefon: 06381/1744

Schulpsychologische Beratungsstelle des Kreises Pinneberg (Schleswig-Holstein)
Ansprechpartnerin: Dr. Marlen Bartels
Telefon: 04101/212-166

BbB Beratungsstelle für besondere Begabung
Telefon: 040/428632929
www.hamburger-bildungsserver.de/bbb/

NRW
www.logios.de/nav/einrichtungen.htm
z.B. Köln, auch Telefon: 0221/2219001

www.erft.de/schulen/aksp/AKdak.htm
www.rhein-sieg-kreis.de
auch Telefon: 02241/132366

Beratungsstellen freier Träger

Institut für angewandte Lern- und Begabungsforschung (Hamburg, auch Erwachsene)
Ansprechpartnerin: Dr. Barbara Feger
Telefon: 040/30380737

Jugenddorf Hannover Karg-Stiftung (Hannover, Kinder ab Kindergartenalter)
Telefon: 0511/87839-0

Redaktionsschluss für die Überprüfung der WWW-Adressen: 31. Mai 2003
Wir können nicht ausschließen, dass unter einer solchen Adresse inzwischen ein anderer Inhalt angeboten wird.

Institut für Entwicklung (Essen)
Ansprechpartner: Karl Blank
Telefon: 0201/8775830

Hochbegabtenzentrum Frankfurt
Telefon: 069/21239341

Hochbegabten-Zentrum im
Heinrich-Meng-Institut Brühl
Telefon: 02232/7073-0
www.erftkreis.de

Gaesdoncker Beratungsstelle für
Begabtenförderung (Goch)
Telefon: 02823/961390
www.gaesdonck.de/hb.htm

FAMILY, FAMILY! (Münster)
Ansprechpartnerin: Eva Kolarz
Telefon: 0251/616692

Institut für Begabungsforschung und
Begabtenförderung in der Musik
(IBFF/Paderborn)
Telefon: 05251/605210
hrz.upb.de/ibff/

Begabungsentwicklung (Paderborn)
Ansprechpartner: Dirk Oppenhoff
Telefon: 05251/300513
www.begabungsentwicklung.de

Projekte zur Begabtenförderung

An vielen Hochschulen gibt es bereits interessante Veranstaltungen für Kinder und Jugendliche, z.T. speziell für hochbegabte Kinder wie z.B. die mit der DGhK e.V. gemeinsam veranstaltete Studientage, auch Angebote für Mädchen oder auch die Möglichkeit ein reguläres Studium parallel zum Gymnasium zu beginnen

Studium an der FernUniversität
www.fernuni-hagen.de

Kreis-Pinneberger Projekt
www.gymnasium-es-quickborn.de

Kinder-College e.V. (Neuwied)
Ansprechpartnerin: Helga Thieroff
Telefon: 02645/970261
www.kinder-college.de

Deutsche SchülerAkademie
Geschäftsstelle: Volker Brandt
Telefon: 0228/9591540
www.schuelerakademie.de

Kinderakademie (Köln)
www.ksk-koeln.de

Kinderuni Tübingen
www.uni-tuebingen.de/uni/qvo/kinderuni-2003/kiu03-01.html

Mathematische Schülergesellschaften in
Berlin (Humboldt-Universität)
Prof. J. Nietzsch: 030/20932343

Förderkurse für mathematisch besonders
befähigte Schüler (Hamburger Modell)
www.rrz.uni-hamburg.de/psych-2/EP/begabung/wilstern.html

Mathezirkel

www.math.uni-goettingen.de/schueler/

www.uniduisburg.de/FB11/SCHULE/Schule.shtml

www.mathematik.uni-halle.de/schuelerinfo/index.html

lsgm.uni-leipzig.de/

zfm.mathematik.tu-darmstadt.de/

www.mathematik.de/Berlin

Spezialistenlager Mathematik Chemnitz
people.freenet.de/bezirkskomitee/SPL_Allg.htm

MINT-Zentrum Freie Universität Berlin
Ansprechpartnerin: Claudia Dreisbach
Telefon: 030/838-54372
www.mint-zentrum.fu-berlin.de

NatLab-Zentrum am Fachbereich Biologie, Chemie und Pharmazie der FU Berlin
www.bio-chem-pha.fu-berlin.de/7_natlab/a_ueberuns/kontakt.htm

Wettbewerbe

Fremdsprachen, Mathematik
www.bubev.de
www.jugend-forscht.de

Chemie, Physik, Biologie-Olympiade, Umwelt
www.ipn.uni-kiel.de

Informatik
www.bwinf.de

Mathematik
www.kaenguru-wettbewerb.de,
www.europa-web.de/europa/6.htm

Politische Bildung
www.bpb.de/schuelerwettbewerb/Hompage.htm

Deutsche Geschichte
www.geschichtswettbewerb.de,
www.demokratisch-handeln.de

Vorlese-Wettbewerb
www.boersenverein.de/foerder.htm

Bundeswettbewerb Jugend musiziert
www.deutscher-musikrat.de/jumu.htm

Schüler machen Lieder –Treffen Junge Musik-Szene, Schüler schreiben, Schüler machen Theater
www.berlinerfestspiele.de/jugend
www.JeunessesMusicales.de

Filme und Videos
www.up-and-coming.de

Schulen

Jugenddorf-Christophorusschule (Braunschweig)
www.cjd-braunschweig.de

Jugenddorf-Christophorusschule (Königswinter)
www.cjd-koenigswinter.de/info/psychologie.php

Jugenddorf-Christophorusschule (Rostock)
www.cjd-rostock.de/

Sächsisches Landesgymnasium St. Afra (Meißen)
www.sankt-afra.de

Maria-Theresia-Gymnasium (München)
http://www.mtg.musin.de/

Kaiser-Heinrich-Gymnasium (Bamberg)
www.khg.bamberg.de

Deutschhaus-Gymnasium (Würzburg)
www.deutschhaus.de

Privates Gymnasium Brecht (Hamburg)
www.brecht-schulen.de

Schulversuche in Mecklenburg-Vorpommern:
www.bildung-mv.de/unterricht/schulversuche/svm-01.htm#Begabte

Elsensee Gymnasium
(Quickborn/Schleswig-Holstein)
Telefon: 04106/65 38 67

Elsa-Brändström-Gymnasium
(Elmshorn/Schleswig-Holstein)
Telefon: 04121/43 67-0

TALENTA (Geseke-Eringerfeld/NRW)
Telefon: 02954/90-121 und 90-129
www.Talenta-schule.de

Elsa Brandström Gymnasium (Oberhausen)
www.gym-elsa-ob.de

Gymnasium Haus Overbach
www.juelich.fh-aachen.de/overbach/

Städtisches Maximilian-Kolbe-Gymnasium
(Wegberg) „Begabung plus“
(Drehtür-Modell)
www.mkg-wegberg.de

Offene Schule Waldau (Kassel)
LIBRO Lernnetzwerk zur integrierten Begabtenförderung im Rahmen offenen Unterrichts
www.osw-online.de

Bielefelder Laborschule
Projekt: Förderung von Kindern mit besonderen Begabungen in jahrgangsgemischten Gruppen im Rahmen individualisierten Unterrichts
www.uni-bielefeld.de/LS/

Schulen mit besonderen Schwerpunkten

Schulen mit einem besonderen Schwerpunkt sind über das zuständige Ministerium/Senat (auch Internetseiten) zu finden.

Mathematisch-Naturwissenschaftliche Schulen sind aufgelistet unter
www.mint-ec.de

Sportgymnasien (etwa 35 in Deutschland)
www.dhb.de/service/Spo-gym.pdf

Musikgymnasium (Beispiel)
www.musikgymnasium-belvedere.de/deutsch/aem.htm

Grundschulen

Anschriften über die Vereine, Stiftungen („Impulsschulen“ und andere über www.karg-stiftung.de; Bertelsmannstiftung)

Ministerien

Baden-Württemberg
www.kultusministerium.baden-wuerttemberg.de
Peter Kleefass: 0711/279-2575
Marianne Franz: 0711/279-2803

Bayern
www.km.bayern.de
Elfride Ohrnberger: 089/2186-2372

Berlin
www.senbjs.berlin.de
Birgit Kröner: 030/9026-5858

Brandenburg
www.mbjs.brandenburg.de
Dr. Christiane Standke: 0331/866-3861

Bremen
www.bildung.bremen.de
Primarstufe/Margret Buck: 0421/361-10064
Sek. I/Walter Henschen: 0421/361-6405
Sek. II/Anita Schröder-Klein: 0421/361-6774

Freie Hansestadt Hamburg
www.hamburg.de/fhh/behoerden/behoerde_fuer_schule_Jugend_und_berufsausbildung/index.htm
Dr. Helmut Quitmann: 040/42863-2929

Hessen
www.kultusministerium.hessen.de
Walter Diehl: 0611/368-2708

Mecklenburg-Vorpommern
www.kultus-mv.de
Burkhard Eichholz: 0385/588-7202

Niedersachsen
www.mk.niedersachsen.de
Margret Stobbe: 0511/1207265

Nordrhein-Westfalen
www.bildungsportal.nrw.de/
www.mswf.nrw.de
Burkhard Jungkamp: 0211/896-3479

Rheinland-Pfalz
www.mkjff.rlp.de
Michael Emrich: 06131/162904

Saarland
www.bildung.saarland.de
Lothar Wolf: 0681/5017259

Sachsen
www.sn.schule.de/smk
Gymnasien/Dr. Korn: 0351/564-2848
Grundschulreferat: 0351/564-2825

Sachsen-Anhalt
www.mk.sachsen-anhalt.de
Thekla Janner: 0391/567-3744

Schleswig-Holstein
www.schleswig-holstein.de/landsh/mbwfk
Grundschule/Dr. Anja Grabowsky:
0431/9882229
Sek I + II: Rüdiger Gruhn: 04108/627984

Thüringen
www.thueringen.de/tkm
Herr Hirt: 0361/3794500

Internettipps

www.bmbf.de

Deutscher Bildungsserver
www.bildungsserver.de

www.bubev.de

www.karg-stiftung.de

bildungplus.forum-bildung.de

www.bin-berlin.de

www.die-hochbegabung.de
Arbeitskreis im BDP

www.kubus-online.net

www.schulberatung.bayern.de/llhob.htm

www.logios.de/nav/einrichtungen.htm

eigen-sinn.bei.t-online.de
Eigen-Sinn, Internetseiten für hochbegabte Kinder mit ADS

www.hochbegabungs-links.de

www.paed.uni-muenchen.de/excellence

Gesammelte Links zu Stiftungen unter:
www.kubus-online.net

Nützliche Adressen für die Schweiz

EHK (Eltern für hochbegabte Kinder)
www.ehk.ch

Stiftung für hochbegabte Kinder
www.hochbegabt.ch

Netzwerk Begabungsförderung
www.begabungsfoerderung.ch

Verein für stärkenorientierte Unterrichtsentwicklung
www.symposium-begabung.ch

Nordostschweizer Institut für Lernfragen
Dr. Monika Brunsting (Obernzwil)
Telefon: 071/9511155

stedtnitz.design your life.
Dr. Ulrike Stedtnitz (Zürich)
Telefon: 01/3413230
www.stedtnitz.ch

www.wingsseminar.ch

Schweizerische Studienstiftung
Zürich 01/2606880
www.studienstiftung.ch

Talenta Basel: Freies Gymnasium Basel
bwyss@fg-basel.ch

LIP-Schule Lernen ist persönlich (Zürich)
www.lip-schule.ch/

Nützliche Adressen für Österreich

Verein für hochbegabte Kinder (Innsbruck)
Telefon: 0664/1008361

Österreichischer Verein für hochbegabte Kinder (Preßbaum-Pfalzau)
Telefon: 02233/2724

Österreichisches Zentrum für Begabtenförderung und Begabungsforschung (Salzburg)
Telefon: 0662/439581
www.begabtenzentrum.at

Sir-Karl-Popper-Schule Wien,
www.popperschule.at